GARVY CAMP BOOKS

プ料理
せんぶ

GARVY CAMP MAGAZINE

実業之日本社

Contents

Chapter 1 BBQ料理

Chapter 2 焚き火料理

Chapter 3 酒と料理

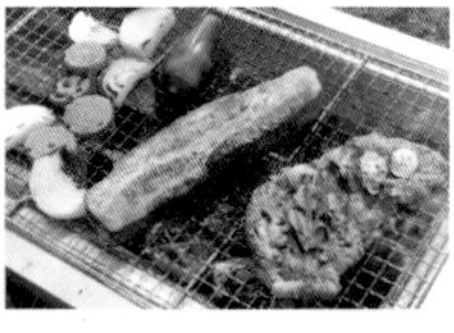

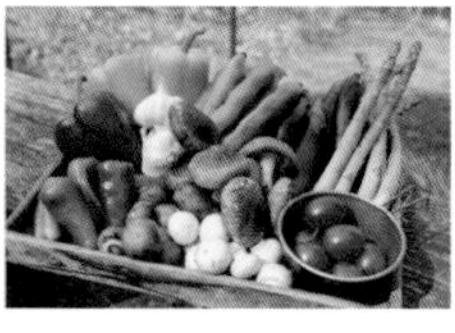

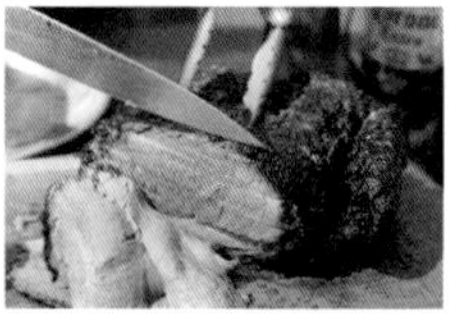

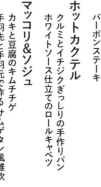

※本書は、キャンプ雑誌『ガルヴィ-GARVY-』（実業之日本社刊）各号の掲載記事を元に再編集し、刊行するものです。

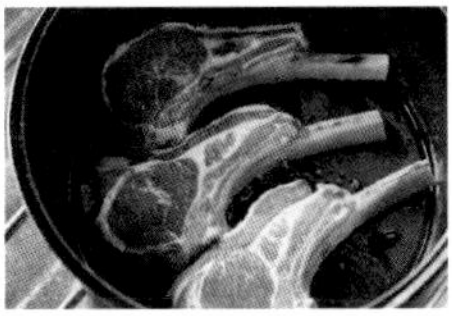

BBQの極意 その❶

必要な道具を揃えよう

自分で一からBBQをはじめるには何が必要？
基本の道具のほか、あると便利な道具をそろえてみた

ボウルやふきんなど小物も忘れずに

ＢＢＱをする際、グリルやトング、食器までは当然用意するアイテムだ。これだけでもＢＢＱはできるが、もたついてしまうシーンは多い。

たとえば、グローブや軍手。木炭に触れると汚れるし、焼き網を移動させるなんてとき、素手では危険だ。また、食材をまとめておける折りたたみ式のボウルもあるとうれしい。事前に仕込みをせず、買い出しをしてＢＢＱに直行するなら、ゴミ受けやペーパーも不可欠だ。

これらを持っていくと家族や仲間から「気がきいている」と評価アップ間違いなし。

BBQグリル

これがなくてははじまらないのが、BBQグリル&焼き網・鉄板。本体がステンレス製のグリルは、値段が高めだけれど長く愛用できるのでお得。大きさは、家族4～5人なら40～50×30cm、6～8人のグループならその倍が目安。

選び方のポイント

オプションが豊富

オーブンなど専用オプションが豊富なものは、料理のバリエーションが広がる。オプションがなくても、ダッチオーブン対応だと煮込みやオーブン料理ができて便利。

炭を継ぎ足しやすい&高さを変えられる

焼き網が分割していると片側に食材を寄せて炭を継ぎ足しやすい。炭を置くロストルが引き出し式のものも便利。高さを変えられると、子どもが無理せず食材に手をのばせる。

グローブ、軍手

耐熱グローブや木綿の軍手は、木炭による汚れややけどを予防する必需品。手首やヒジまであると、焚き火でも重宝する。

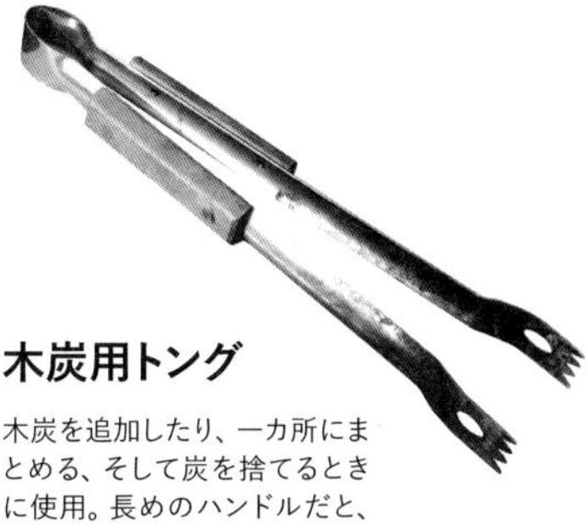

木炭用トング

木炭を追加したり、一カ所にまとめる、そして炭を捨てるときに使用。長めのハンドルだと、熱くなくて扱いやすい。

食材用トング

一番気をつけたいのが衛生面。トングは焼く前の食材とサーブ用の2つを用意して使い分けるのが鉄則だ。混乱しないように印をつけておこう。

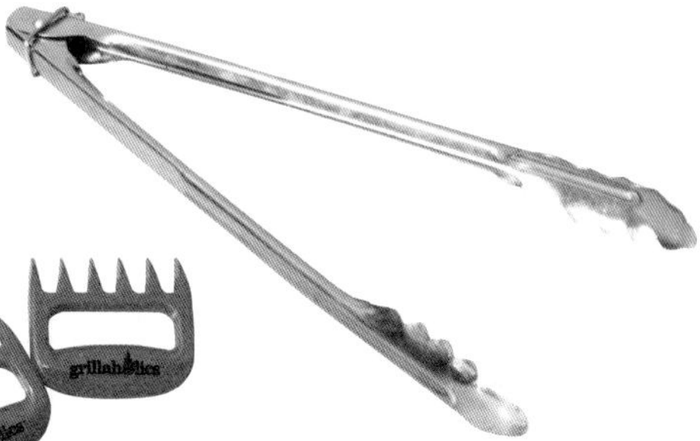

話題の“熊の手”

焼き上がったブロック肉をほぐしてプルドポークにしたり、サラダを取り分けたりするのに便利なミートフォーク。ひと目でサーブ用だとわかるのも◎。

食器

焼き網から直接食べるのは野性的すぎる。割れにくく、片手で持てるサイズの食器を用意しよう。油汚れが落ちやすい素材だとなおよし!

選び方のポイント

ソース用の容器を載せられる

仕切りがある皿や、小皿を載せられるようにできれば、ソースが皿一杯に広がってどれも同じ味になるという悲劇を避けられる。

包丁&まな板

自宅で下ごしらえしておいても、焼き上がったステーキを切り分けるなど活躍の場は多い。折りたたんで持ち運べる包丁&まな板はぜひほしい。

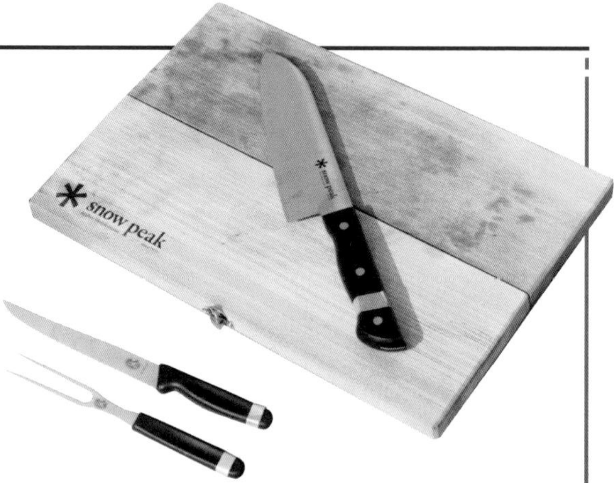

**オシャレな
BBQ用ナイフ&フォーク**

なくてもいいけれど、あると一気にテンションが上がるBBQ用のナイフとフォーク。長く細いブレードで塊肉もきれいに切れる。

マーカー

飲み物のグラスや食器に目印があると便利。紙コップならペンで名前を書くといい。写真のような吸盤タイプのほかに、グラスの縁に引っかけるタイプもある。

ボウル

食材を洗ったり、切った野菜やフルーツをまとめておいたりできて重宝する。折りたたみタイプだと持ち運びも楽。

網&鉄板掃除用ブラシ

気をつけていても、網や鉄板は脂や焦げで汚れてしまう。普通のスポンジではらちがあかないので専用のブラシを用意しておこう。

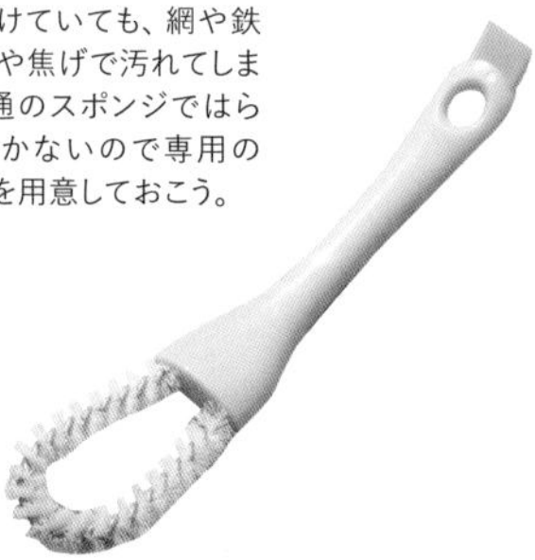

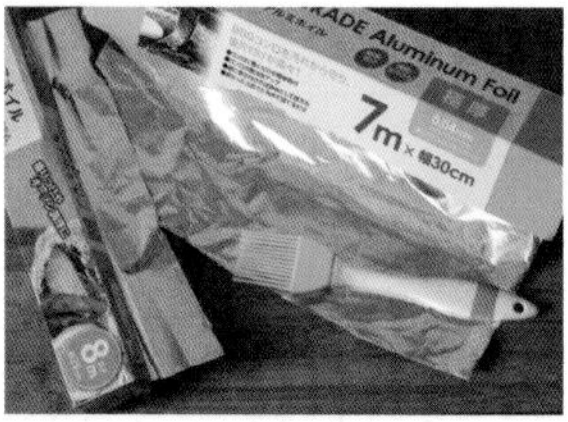

アルミホイル&刷毛

ホイル焼きを作ったり、タレを表面に塗って炙り焼きにしたり。とくにアルミホイルは余った食材を包むこともできるので忘れずに。

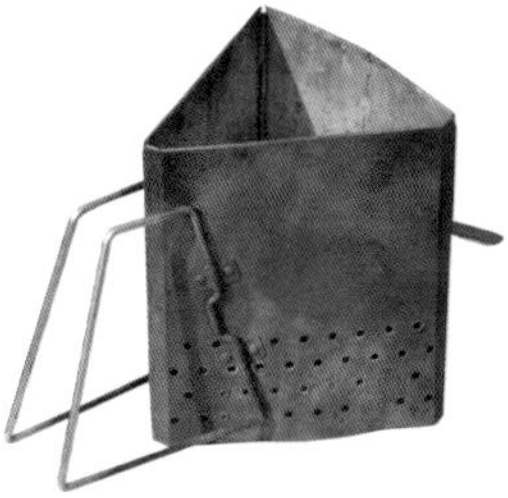

炭起こし

着火剤の上に木炭を入れた炭起こしを載せると、煙突効果で効率よく炭を着火できる。形がそろっていない木炭を使用する場合は必需品と言える。

うちわ

着火した木炭は、風を送れば強火になる。やはりうちわが使いやすい。強く扇ぐと灰が舞うので、食材が網にのっていない時に扇ぐことを心がけよう。

木炭&着火剤

電気やガスのグリルもあるけれど、主流は木炭。家族4人で2 ～ 3時間のBBQを楽しむなら、木炭2 ～ 3kgが目安。火付きがよく、また日本の森を育てる役割がある国産黒炭（ナラ、クヌギなど）を選びたい。

選び方のポイント

大きさがそろっていると扱いやすい

はぜにくく、においもない岩手切炭は、長さをそろえているのでヤグラを組む着火もお手の物。

できると思わせる便利小物

アクリルたわし

洗剤使用禁止のBBQ施設は多い。きっちり洗い上げるのは自宅で、現地では油汚れが落ちやすいアクリルたわしでサッと水洗い。

ゴミ受け

共同の炊事場で、細かな野菜くずを残さないようゴミ受けの袋を用意しておきたい。あとから手でまとめるのは面倒なのだから。

クロス

洗い終わった食器を拭いたり、テーブルを整えたりするのに使う。ペーパーでも代用可能だがエコを意識すればやはりクロス。

ペーパー

肉や魚のドリップを拭き取ったり、味噌漬けやマリネード液をぬぐう際に必要なのがペーパーだ。安いものでいいので多めに用意。

BBQの極意 その❷

肉と野菜のおいしさをキープする方法

BBQの成否を決めるのは、クーラーボックスの使い方だといっても過言ではない。
みんなの健康のためにも、正しい使い方をマスターしよう。

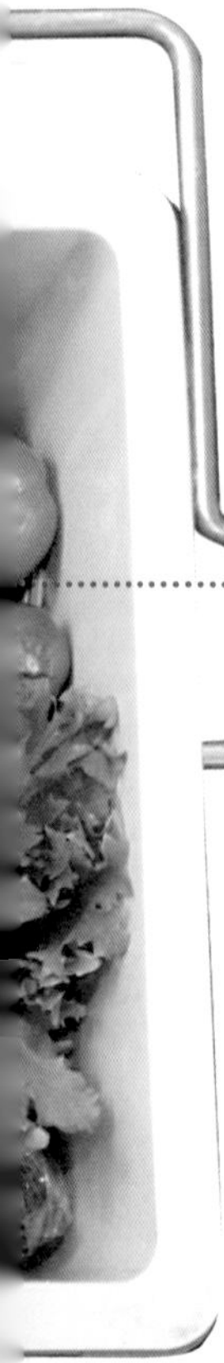

肉はマリネード、野菜はカット

肉はトレイからはずして持っていくとゴミが少なくなる。オリーブオイルと少量のハーブに浸けておくと風味よし。とくに赤身肉は表面にオイルを補給するとおいしくなるのでオススメ。

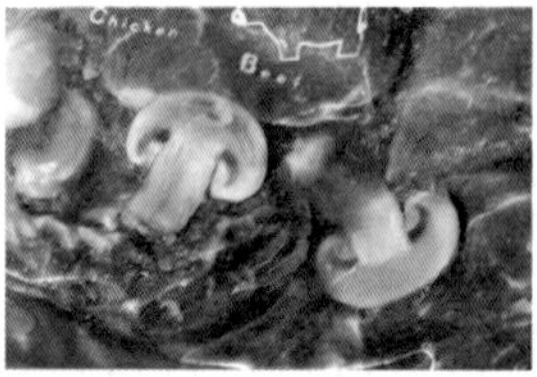

安くて硬い肉は、ヨーグルトやすり下ろしたタマネギ、キノコとともに袋にいれておくと柔らかくなる。キノコはそのまま焼いてよし。

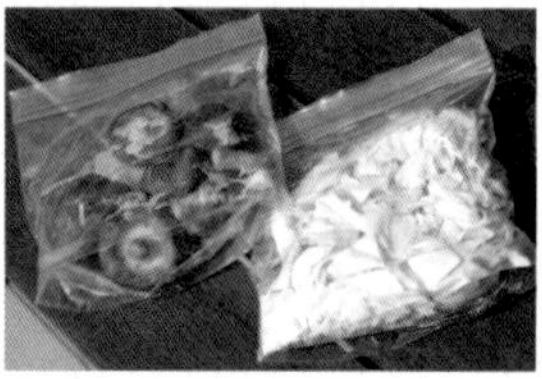

野菜もトレイを取り除き、スープ用など、必ずカットして使うことがわかっている野菜は自宅でカットしておく。省スペースでおさまるし当日カットする手間がかからない。

下ごしらえをしておけばたっぷりBBQを楽しめる

通常、BBQ施設やキャンプ場には冷蔵庫がない。冷蔵庫の代わりとなるのがクーラーボックスだ。

特に春から夏は日中の気温が高くなっていく。食品は30℃前後で一気に雑菌が増えるとも言われているので、クーラーボックスの冷気をいかにキープするかがポイントとなる。

できれば、飲み物と食品用、調味料用のクーラーボックスをわけておきたい。飲み物は開閉が多く、その分、庫内の温度が上がりやすいからだ。

食品用クーラーボックスは、パッケージから取り除き、立てて収納するとフタを開けたときに一目で目当ての食品のありかがわかる。ついでに、食材はカットしたりマリネードしておくと、当日の進行はスムーズだ。

デイキャンプなら肉は冷凍してはダメ

2～3泊のキャンプでは冷凍肉が保冷剤の役目をになってくれるけれど、デイキャンプでは解凍しきれない。肉や魚は冷蔵または解凍しているモノを持っていこう。

保冷剤+氷はたっぷりと用意

保冷剤と氷は、クーラーボックスに敷き詰められるくらいたっぷりと。保冷剤を全部上に載せると食材の取り出しが大変なので、上部に1～2枚載せ、残りは立てておこう。

使い切れない液体は小さな容器に移し替えて

オリーブオイルやバルサミコ酢など、ちょっとあると風味がよくなる液体は、使い切れる分だけ小さなペットボトルなどに小分けしておく。かさばらずにすむので気軽に持っていけるのだ。

野菜は立てて鮮度をキープ

野菜は育っているときと同じ状態だとストレスがかからず、鮮度をキープできる。生のまま食べる野菜はシャキシャキのまま持っていきたいので、仕切りなどを利用して立てて保管しよう。

調味料は
小さなクーラーバッグへ

最近は100円ショップなどでも小さなクーラーバッグが手に入るので、調味料はまとめておこう。マコネーズなど要冷蔵の調味料を持っていく場合は、ここに小さな保冷剤を入れておこう。

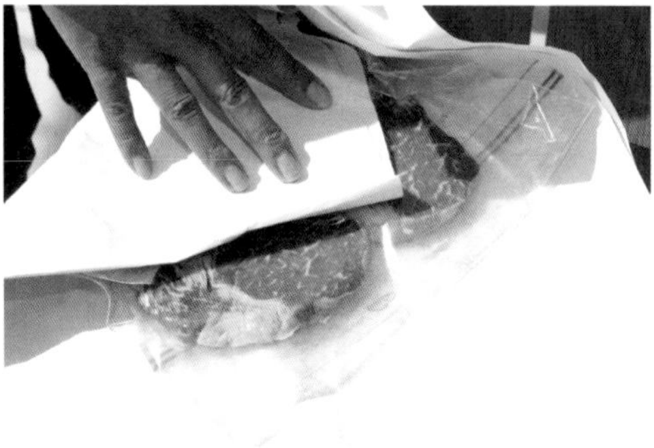

保冷剤のそばに置く食材は
紙で包む

肉も野菜も、冷やしすぎはかえって鮮度を落としてしまう。保冷剤や氷のそばに入れるものは、新聞紙で包むなど配慮をしておくと冷えすぎを防ぐことができる。

小物はまとめておくと
見つけやすい

バターなどの小さな食品は、そのままクーラーボックスに入れておくと見つけにくい。小さな食品はまとめて容器にいれ、場所を決めておこう。メッシュ容器だと、冷気が入りやすいのでなお可。

野菜はピクルスとして持っていく

ブロック肉や丸ごと野菜は火の通りに時間がかかる。前菜代わり、そして箸休めとなるピクルスを用意しておこう。手間をかけたくないなら、野菜を軽く塩もみするだけでもいい。

根菜は袋に入れて常温保管

BBQに欠かせない根菜類はクーラーボックスに入れる必要はない。蒸れないメッシュやコットンの袋にまとめて常温で保管していい。ただし、クーラーボックスと同じく、直射日光に当てず、日陰に置くことが重要だ。

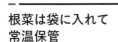

キャンプ料理の要となる調理器具を知る

ツーバーナーの基礎知識

キャンプギアの定番アイテムの一つであるツーバーナー。
2口あるコンロで効率的な調理ができる。
基本的な使い方や調理時のポイントを確認していこう。

ホワイトガソリン式 ツーバーナーの使い方

いつでも快適な調理を実現する万能タイプ

ホワイトガソリン式のツーバーナーは、ポンピングなどの作業工程が必要だが、火力が強く調理にこだわるキャンパーの定番となっている。寒さに強い点や、長く使える点も魅力的だ。

着火方法

ホワイトガソリンを入れる

燃料タンクを外して、水平な場所でおよそ八分目の位置まで燃料を注ぐ。

しっかりとポンピング

燃料バルブを閉めてノブの穴を塞ぎ、ポンプを押し込んで空気を送り込む。

固くなるまで繰り返す

ポンピングの目安はおよそ50 ～ 100回。空気が入るとノブが固くなる。

空気が入り ポンピングが完了

ポンプのノブを右方向に2回転して元に戻して、タンクを本体にセット。

点火レバーを上向きに

着火時には点火レバーが上を向いているかを確認。

バルブを回して着火

燃料バルブを回しライターで着火。追加でポンピングし炎を安定させる。

メリットはココ!

環境に左右されない安定した性能

寒い時期や場所でもパフォーマンスが落ちることがない。火口がボックス内にあるので、風の影響を受けにくく強く安定した火力で調理ができるのが魅力だ。

安定火力	★★★★★
使いやすさ	★★★
ランニングコスト	★★★

Ⓐジェネレーター 液状のホワイトガソリンを気化させるための、燃料タンクから伸びる棒状のパーツ。

Ⓑメインバーナー 向かって右側にあるバーナーは、高い火力を発揮してメインで使える火口となっている。

Ⓒサブバーナー メインバーナーが着火しているときに、燃料が供給されて使用できるサブバーナー。

Ⓓ燃料タンク ホワイトガソリンを入れる燃料タンク。本体から取り外してから燃料を入れてポンピングする。

Ⓔ点火レバー 上向きで使用する点火レバーは、点火の際に燃料を気化させやすくコントロールするためのもの。

Ⓕ燃料バルブ バルブの開閉で点火から消火まで火力を調整する。バルブを回した際の音で燃料が出ているか確認。

カセットガス式ツーバーナーの使い方

誰でも使えるシンプル構造

カセットガス缶（CB缶）を使用する、シンプルな構造のツーバーナー。家庭用コンロと同じように使えるので、初心者におすすめ。

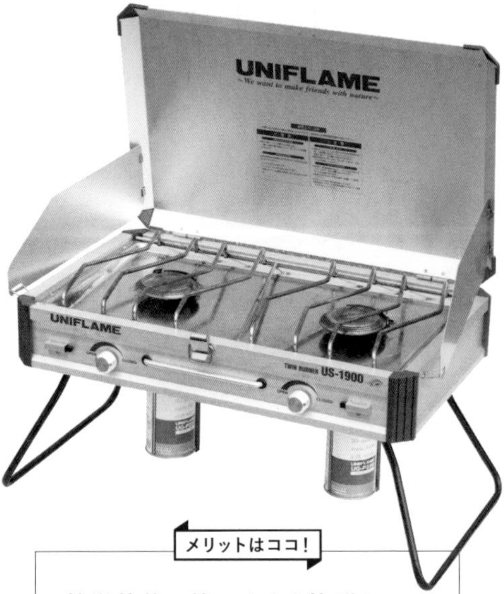

メリットはココ！

簡単装着で使いやすさ抜群！

比較的安価で入手しやすいカセットガスを燃料とするため、ランニングコストも安い。初心者でも使いやすい。自動点火装置が付くものが多く、着火も楽。

安定火力	★★★
使いやすさ	★★★★★
ランニングコスト	★★★★

着火方法

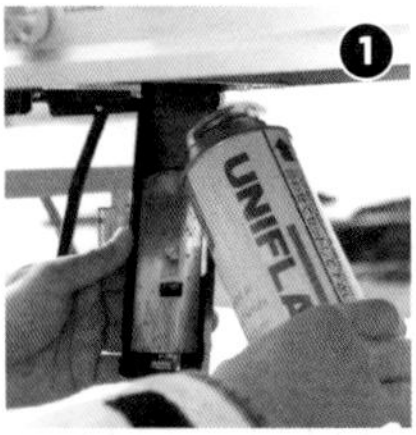

❶ **ガス缶を本体裏にセット**

ツーバーナー本体の裏側に燃料缶をセットすれば準備完了。

❷ **ガスを出して着火する**

火力調節レバーを回してガスを出し、点火スイッチを押せば着火する。

燃焼器具取り扱い上の注意！

正しい使い方をすれば高いパフォーマンスを発揮する燃焼器具だが、使い方を間違えると大きな事故につながってしまう恐れもある。絶対にやってはいけないNGポイントを押さえて、安全に使用しよう。

燃料類は焚き火のそばに置いてはダメ

焚き火の近くに揮発性が高い燃料類を置くのは絶対にNG。事故を防ぐために、安全な場所に。

ガスカートリッジ式ツーバーナーの使い方

カセットガスより安定した火力を発揮

装着が簡単で着火もしやすいので、使いやすいガスカートリッジタイプ（OD缶）。厳冬期用のカートリッジもあるので、寒い時期でも使用できる。

着火方法

❶ ガスカートリッジを固定

ガスカートリッジは取り付け口に合わせてクルクルと回して装着。

❷ レバーを回して着火

火力調整レバーを回しながら自動点火装置を押す。レバーで火加減調整。

メリットはココ！

しっかり調理ができて操作も簡単

基本的な使い方はカセットガスと同様だが、より安定した火力で調理ができる。ホワイトガソリン式よりも薄くコンパクトに収納できるのも利点。

安定火力	★★★★
使いやすさ	★★★★★
ランニングコスト	★★★★

室内では LEDランタンを用意

テントやスクリーンタープ内は、火気厳禁。室内の明かりはLEDタイプのランタンを用意。

密閉空間内での ランタン使用はダメ

密閉性の高いテント内では、燃焼式ランタンを使用してはならない。一酸化炭素中毒を起こす恐れも。

燃料は 純正品を使うこと

ガス缶もホワイトガソリンもメーカー指定の純正品以外を使うと故障の原因となりかねない。

Chapter 1

BBQ料理

誰でも楽しむことができる
キャンプの代表的な調理方法「BBQ」。
炭火で肉や野菜を焼き上げれば、
香ばしい匂いがあたりに広がる。
屋外で食べるその味は格別だが、
コツを押さえると、さらにおいしくなる。
家族で楽しむBBQスタイルとレシピを紹介しよう。

知っておきたいBBQ成功のコツ

BBQなんてただ食材を焼けばいいんでしょ？　そう高をくくっている時に限って
とんだ失敗に見舞われる。失敗から学ぶ、BBQ成功のポイントとは？

BBQを手伝ってわかる失敗の理由

炭をおこす際のポイントとなるのがヤグラを組むことと、風を送るタイミング。

ヤグラを組むことで効率よく熱せられ、何もしなくても着火できる。風を送るのは、着火剤が燃え尽きてから。着火剤に火をつけた直後にうちわで扇いでしまうと熱量が足りず、うまく着火できない。

また、肉や野菜は薄切りにすると食べ時を逃して真っ黒に焦がしやすい。肉は厚さ2㎝以上のものなら食べどきを逃す心配がない。さらに、味付けを変えるために、肉の半量をマリネードするなど出発前に仕込んでおくと、飽きずに食べられる。試してみよう。

PHOTO／佐藤弘樹　TEXT／大森弘恵　協力／デジサーフ

火起こしのコツ

炭で囲った中心に着火剤を入れる。成形炭なら、きれいに煙突状にできて、着火がスムーズに行われる。

炭が着火しない……

炭の着火は“ヤグラ”がポイント

長さがそろう成形炭の場合、コンロの底に炭を敷いて、その上に6～8個の炭でだ円を作る。バランスを取りつつ、2段目も炭を組み上げる。中央に火を着けた着火剤を入れたら、炭でフタをする。あとは着火剤が燃え尽きるのを待つだけ！

着火剤に火をつけたら、炭を載せてふたをする。この直後にうちわで扇ぐと立ち消えてしまう。扇ぐのは着火剤が燃え尽きてから！

木炭の場合

木炭を筒状になるように並べる。岩手切炭など、長さがそろっている木炭だと簡単。

中心に着火剤を入れて、ふたをする。写真は1段だけど、木炭を2段にするとなおよし。

着火剤が消えたら風を送って、炎の勢いを増す。木炭の量が足りないなら周囲に追加しておく。

食材を焼くコツ

肉も野菜も、薄切りだとあっという間に焦げてしまう。肉は厚さ2cm以上のステーキ肉を用意。子どもの好きなベーコンもブロックにしよう。野菜も丸ごとだとジューシーに焼き上がり、無駄がなくなる。

肉も野菜も真っ黒焦げになってもったいない……

肉は厚さ2cm以上！
ベーコンもブロックがベスト

厚切り肉は網に載せる直前に味付けをして、肉汁を閉じ込める。これもおいしさの秘密。

ステーキ肉やベーコンのブロックをじっくり焼き上げる。薄切り肉とは違い、肉汁たっぷり。

タマネギがバラバラに！

タマネギは爪楊枝でまとめておく

ひっくり返すときにばらばらになりやすいタマネギは、爪楊枝を刺してからカットしたものをグリル。これでタマネギを無駄にせずにすむ。

薄切りベーコンならタマネギに巻き付ける

ベーコンの薄切りがあれば、タマネギに巻き付けて串でとめる。ベーコンとタマネギのうまみの相乗効果でおいしい一品に。

タマネギに醤油をつけてベーコンを巻くだけ。食べやすくておいしい黄金の組み合わせになる。

味付けが単調で飽きてしまう

自宅でマリネするのがオススメ

塩・こしょう、甘みのあるタレ。味付けがこれだけだとどうしても飽きてしまう。ハーブやガーリックをきかせたオイルでマリネしたり、クリームチーズを包んだり。異なる風味が食欲を刺激する!

あっさりとしたチキンは、ガーリック味のクリームチーズとハーブを巻いておく。

アルミホイルで巻いて、弱火で蒸し焼き。チーズが溶けるので少し冷ましてカットする。

あまり時間がない……

カマンベールのホイル焼きが簡単

チキンで包む時間がないなら、カマンベールを焼くだけ。はちみつをかけると簡単デザートに。

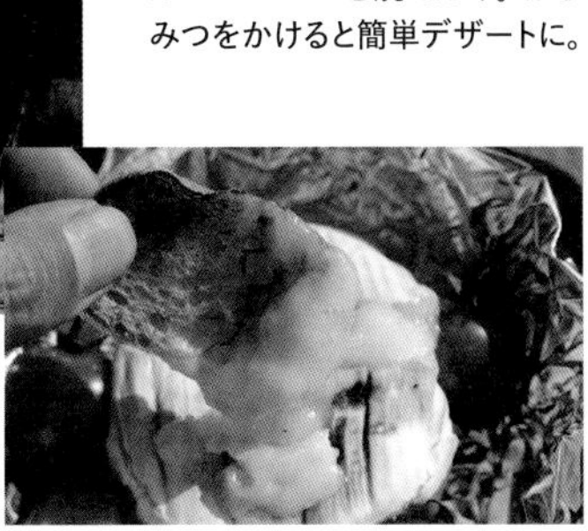

パンやクラッカーですくってもよし。甘塩っぱさが、また肉を食べる気にさせるから不思議だ。

肉を知る者がBBQを制す

BBQ 肉図鑑

BBQでの肉、いつも決まったものばかりになっていないだろうか?
牛、豚、鶏、羊……肉の種類はもちろん、部位によっても味や食感は千差万別。
部位の特性を知れば、料理の幅も広がり、肉そのものを楽しめる。
定番のカルビから希少部位や豪快な塊肉まで、すべての部位を食べ尽くそう。

牛肉
beef

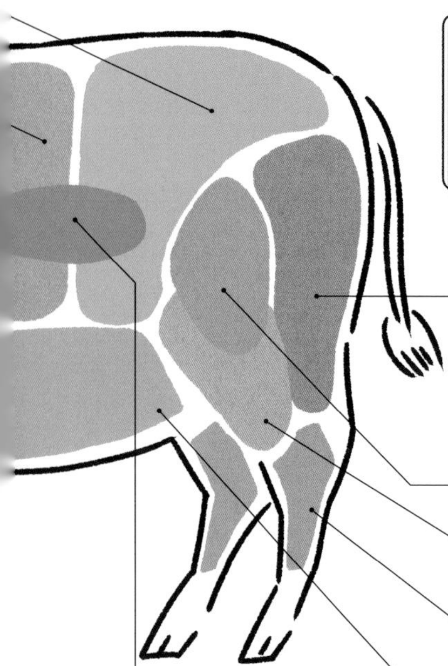

外モモ

モモの中でも最も運動する筋肉が集まった部位。全体的にキメが粗く、脂肪が少ないかための赤身肉。角切りにしてポトフなどの煮込み料理にすると味が良い。

煮込み　焼肉

内モモ

後肢のももの内側の部位で、脂肪が最も少なく淡白な赤身肉。内モモのステーキをラウンドステーキといい、欧米ではヘルシー志向の人に人気。

ステーキ　ロースト

ヒレ

サーロインの内側にある細長い肉で、脂肪が少なくキメ細かでやや柔らかな最上級の赤身肉。加熱し過ぎるとヒレ特有の柔らかさがなくなるので注意。

ステーキ　揚げ物

バラ

あばら骨周辺の腹部の肉で、赤身と脂肪が層になったいわゆる三枚肉。この部分の薄切りが焼肉の定番カルビ。肉と脂の旨みが重なって濃厚な風味が楽しめる。

焼肉　煮込み

スネ

脚のふくらはぎ部分の肉。発達した筋肉のためかたい部位だが、肉の味は濃厚。コラーゲンなどが含まれているため、長時間煮るとやわらかくなり食べやすい。

煮込み　挽肉

シンタマ

後肢の付け根にある球状の肉。赤身肉の塊で、キメが細かく柔らかい人気部位。中心部分はマルシンと呼ばれ、赤身らしいしっかりとした歯ごたえがあり、焼肉店で人気。

ロースト　ステーキ

PHOTO&TEXT／三浦晋哉　ILLUST／岡本倫幸

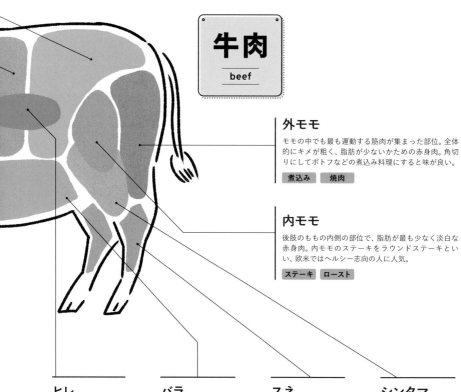

肩ロース

脂身の少ないロースの中ではサシが入りやすい部位。通常のロースよりもさらに柔らかく、コクのある味わいを楽しめる。すき焼き、煮込みなど幅広い料理に適している。

すき焼き　焼肉

リブロース

肋骨の背肉という意味のリブロースは、霜降りになりやすく、赤身と脂身のバランスが整っている。コクと風味が良く、キメも細かいので肉自体を味わう料理に適している。

ロースト　ステーキ

サーロイン

ヘンリー８世があまりのおいしさに「この肉にナイトの称号を与える」と言ったことが語源という説もある牛肉の最高部位。運動しない部位なのでとても柔らかい。

ステーキ　ロースト

ランプ

腰からモモにかけての部位。キメが細かく柔らかい赤身肉で、適度に脂肪もあり、味に深みがある。モモの中では一番ステーキに向いているが、どんな料理にも使える。

ステーキ　煮込み

タン

一頭から１～２kgとれる牛の舌。根元の部分は霜降りで脂肪が多く、ステーキや焼肉に向く。脂肪が少なく非常にかたい先端部分はシチューなどの煮込み料理に使う。

シチュー　焼肉

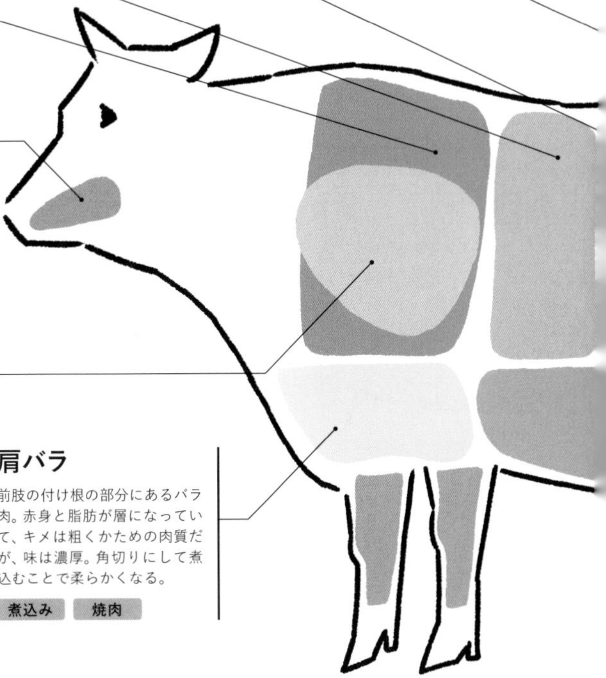

肩

焼肉店では肩をサンサク、トウガラシ、マクラ、ミスジなどに分けて呼ぶことも。運動量が多い部分なのでかためだが、ミスジ部分はサシが入りやすく柔らかい。

ロースト　煮込み

肩バラ

前肢の付け根の部分にあるバラ肉。赤身と脂肪が層になっていて、キメは粗くかための肉質だが、味は濃厚。角切りにして煮込むことで柔らかくなる。

煮込み　焼肉

部位の種類は25以上！

牛肉の希少部位も食べ尽くし

　牛は内臓までほぼすべての部位を食べることができる。BBQでは薄切りにしておいしく食べることができるのはもちろん、ローストビーフやシュラスコのように塊肉を豪快に焼くのもおすすめ。牛肉は産地によって特徴がある。まずオージービーフは、放牧され牧草を食べて育つため、独特のにおいがあるのが特徴。肉は赤身が多く、少しかたいので焼肉よりもカレー、シチューなどの煮込み料理に適している。アメリカ産の牛は穀物を食べているため独特のにおいがなく、熟成に適した上質な赤みが特徴。和牛は明治以降、日本の在来種の牛と外国産の牛を交配して改良された日本固有の肉用種のことで、そのほとんどが黒毛和牛。加熱すると「和牛香」と呼ばれるおいしそうなにおいを放つのが特徴。和牛香は焼くよりも煮たときに強く感じられるため、すき焼きやしゃぶしゃぶにはとくに適している。ちなみに、国産牛は品種に関係なく一定期間以上、日本で飼育された牛のこと。

豚肉

pork

ロース

肉のキメが細かく、柔らかい部位。サーロイン、リブロースはこの一部。適度に脂肪がのっていて、豚肉らしい香りと旨みがある。調理前には赤身と脂肪の間にあるスジを切る。

ロースト　揚げ物

ヒレ

1頭からわずかしかとれない貴重な部位。豚肉の中でも最もキメが細かく、柔らかい。脂肪分が少なく上品な味わいでコクに欠けるので、油を使った料理に向く。

ステーキ　揚げ物

外モモ

腰からモモにかけてのお尻に近い部分で、牛肉でいうランプ、イチボ。よく運動する部分なので肉質がかたい。薄切りか小さくカットして調理すると良い。

豚汁　煮込み

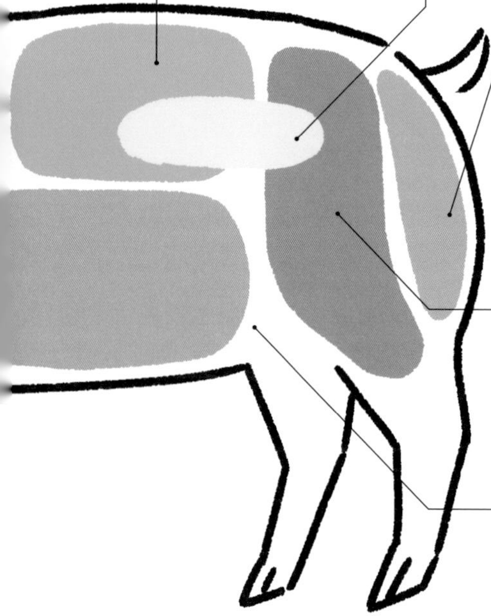

モモ

脚の付け根に位置する肉。脂肪が少なく、キメが細かい赤身肉。焼き、煮込み、ローストなど幅広い料理に使えるが、火を通し過ぎるとパサついてかたくなるので注意。

ロースト　チャーシュー

バラ

アバラの下の肉で赤身と脂肪が交互に三層になっている。風味とコクに優れ、焼き、煮込み、炒め物でうまい。骨を付けたままのバラ肉の厚切りがスペアリブ。

角煮　焼肉

いつかは丸焼きも!

豚肉の部位の違いを味わい尽くす

世界には400～500種もの豚の品種があって、大ヨークシャー種、デュロック種など6品種の豚のうち3品種を交雑させたのが三元豚、4品種を交雑させたのが四元豚と呼ばれている。ちなみに、黒豚と呼ばれているのは、イギリス原産のバークシャー種。イベリコ豚はイベリア種の純血、またはイベリア種とデュロック種を交配させた豚でスペイン政府が認めたもの。その中でも放牧されドングリを食べて育った最高品種がベジョータと呼ばれる。各部位の肉質に大きな違いはなく、料理の範囲が広いのが特徴。また、脂身の融点は人間の体温と同じくらいで、口の中でも溶けるので冷しゃぶなどの冷たい料理にも向く。モモやヒレなど脂肪が少ない部位は、加熱すると肉がしまってかたくなりがちなので、調理する前に常温に戻し、肉を叩いて繊維をつぶし、肉の厚さを均等にしておくとよい。

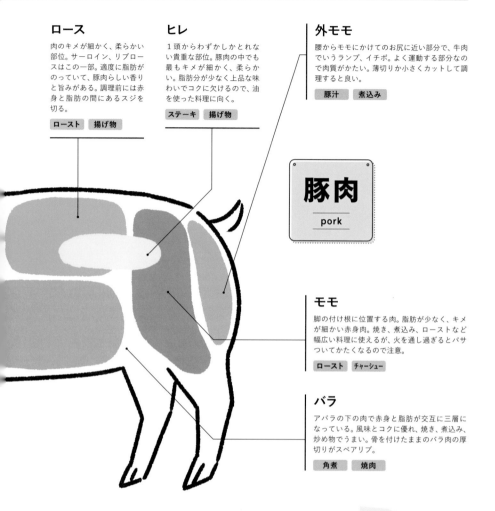

豚肉は加工品も豊富

ランチョンミート

luncheon meat

ランチョンは、昼食の意味。豚肉に、牛肉や羊肉などを合わせて、塩や香辛料と混ぜて加熱し缶詰にしたもの。沖縄ではポーク、他の地域ではスパムとも呼ばれている。そのままでも食べられるが、焼いたり炒めたりすると香ばしさが増す。焼いたものはご飯にのせてスパムむすびに、またパンで挟んでハンバーガーにしても良い。

ソーセージ

sausage

生肉または塩漬けした肉をひき肉にして、脂肪や香辛料、調味料を加えて腸詰にした保存食。ニンニクやパプリカなどの香辛料を使ったスペイン発祥のチョリソーなどさまざまな種類がある。最近では、長いソーセージをグルグルと巻いた見た目のインパクトから、ポルトガル風生ソーセージのリングイッサが人気となっている。

ハム

ham

豚肉を成形して塩漬けしたあと薫煙し、さらに加熱処理した加工肉。ボンレスハムはモモ肉、ロースハムは背中の肉を使っている。あっさりして肉感が強いのがボンレスハムで、ロースハムは適度に旨みのある脂肪を含んでいる。ちなみに生ハムは豚肉の部位を成形後、長期間塩漬けすることで発酵させ、低温で薫煙したハムのこと。

ベーコン

bacon

豚バラ肉を成形して塩漬けにして薫煙したもので、赤身と脂肪が三層をなしている。脂がのっているので焼くとカリカリとした食感になる。パスタや炒め物のほか、ポトフなどにも使える。ショルダーベーコンは豚の肩肉を使ったもので、脂肪が少なく、塩気が強い。パンチェッタなど薫製していない生ベーコンもある。

肩

肩の肉はよく動く部位なので、筋肉質で脂肪もほどよくのっている。ややかための肉質で、長時間煮込むことで良い味が出るのでカレーなど煮込み料理に向いている。

豚汁　煮込み

肩ロース

豚肉にしては珍しく赤身肉の中に脂肪が網目状に混ざる。豚肉らしい脂の香りが特徴。豚肉の中では最も扱いやすく、焼く、揚げる、煮込むなどいろいろな料理に使える。

揚げ物　炒め物

タン

牛タンに比べると脂肪が少なく、あっさりとしている。食感は牛タンとおなじくコリコリしていて歯ごたえもある。皮は牛タンほどかたくないので取り除く必要はない。

焼肉　煮込み

ネック

肩部分の首に近い肉。その一部はマグロのように赤身と脂肪が層をなしていて豚トロと呼ばれている。味は意外にさっぱりしていて歯ごたえもあるのでアクセントになる。

焼肉　煮物

鳥肉

chicken

手羽先

鶏の翼の先端部分。肉は少ないものの、柔らかくてゼラチン質で脂肪が多く、コクがある部位。骨付きなのでスープに使うと良いダシが出る。骨を抜いて手羽先餃子にも。

スープ　揚げ物

皮

脂肪が多く、味も濃厚で旨みが強い。胴体よりも首の皮の方が味があると言われている。調理前には下茹でして臭みをとる。焼く際に出る脂は炒め物などに使うと香ばしくなる。

揚げ物　焼鳥

手羽元

手羽の中で一番胸に近い部位。肉が多く、食べごたえがある。手羽先と比べるとあっさりとしていて淡白。骨を持ってかぶりつけるのでＢＢＱにも最適な部位。

スープ　煮込み

ササミ

牛肉や豚肉のヒレにあたる部分。形が笹の葉に似ていることから名づけられた。鶏肉の中で最も柔らかく、低脂肪、高たんぱく。スジは加熱してもかたいので調理前に取り除く。

サラダ　揚げ物

ムネ

手羽を取り除いた胸の部分。脂肪が少ないためエネルギーが低く、たんぱく質が多い。淡白なので油を使った料理には向く半面、煮込み料理には向かない。

蒸し鶏　焼鳥

モモ

他の部位に比べて筋肉質なので肉はややかため。たんぱく質、脂肪、鉄分が多く、旨みとコクがある。スモークやハーブとも相性がいい。焼くときは皮面から火を入れる。

ロースト　揚げ物

小さくてもバリエーションは豊富！

丸鶏でも味わいたい鶏肉のすべて

鶏肉は牛肉や豚肉に比べて、低エネルギー、高たんぱく質な食材。あっさりとしているので、女性にも人気が高い。肉自体にクセがないので、シンプルな味付けからタンドリーチキンなどスパイスを効かせた味付けまで、いろいろなバリエーションを楽しむことができる。また、肉質が柔らかい部分が多いので、どの部位も食べやすい。逆に歯ごたえを重視するなら、地鶏を選ぶのもおすすめだ。地鶏は、比内鶏、薩摩鶏などの在来種を掛け合わせた交配種。じっくり時間をかけて育てられているので、短い期間で育てられた若鶏であるブロイラーに比べると肉が締まっていてしっかりとした歯ごたえがある。肉専門店などに行けば丸鶏を買うこともでき、ローストチキンやビア缶チキンなどBBQならではの豪快な料理を楽しめるのも鶏肉の魅力だ。鶏肉の生食が原因でカンピロバクター菌による食中毒も起こっているので、しっかり焼くように心がけよう。

羊肉

lamb

北海道ではBBQといえばジンギスカンBBQというほどメジャーな羊肉。たんぱく質、鉄分が多く、ビタミンB群や亜鉛も豊富なためヘルシーな食材として人気だ。体内の脂肪の燃焼を助けてくれるカルチニンが豊富なうえ、脂の融点が他の食肉よりも高いため体温で脂が溶けず、消化されにくいのでダイエットにも良いとされている。羊肉のうち、永久歯が生えていない生後12カ月未満の子羊がラム、それ以上の成羊がマトン。ラムはマトンに比べて肉質が柔らかく、クセがないので食べやすい。脂の融点が高いため冷めると脂が固まりやすく、臭みを感じやすくなる。臭みが苦手な場合は、あらかじめ脂を切り落としておくと良い。ちなみにネットなどでは子羊を一頭丸ごと(約16kg)買うこともできるので、憧れの丸焼きにチャレンジしてみるのもいい。

部位のセレクトで臭みも減る!

羊肉でヘルシーBBQ

肩ロース

赤身と脂身のバランスが良く、適度にサシが入って旨みが強い。羊肉特有のにおいも少なく、柔らかいので使いやすく、羊肉の中でも特に人気の部位。

ステーキ　焼肉

背肉

牛肉でいうロースにあたる部分。肉質が柔らかく、羊肉の中でも最上の部位。子羊の骨付きロース肉はラムチョップと呼ばれ、ステーキやローストでおいしい。

ステーキ　しゃぶしゃぶ

肩

脂肪が多く、羊肉特有のにおいが強い部位。脂肪を取り除いてから調理するとにおいが気になりにくい。スジが多いので煮込むときはスジ切りすると良い。

焼肉　煮込み

モモ

羊肉の中で最も脂肪が少なく、あっさりとして食べやすい部分。骨付きのままロースト、スライスしてステーキなどさまざまな料理に使える。

ロースト　ステーキ

GARVY的 オススメ肉 BEST 3

ビールに合わせるなら……

1. バラ(牛)
2. スペアリブ(豚)
3. サーロイン(牛)

ビールは油っこい料理と特に相性が良いので、さっぱりとした肉よりも脂肪が多く濃厚な旨みが楽しめる肉がおすすめ。そうなると、やはり定番のカルビは外せない。また、スペアリブや焼鳥、豚トロの串焼きなどは、片手に肉、片手にビールでどんどんお酒がススムこと間違いなし。

牛ステーキにするなら……

1. サーロイン
2. ヒレ
3. ランプ

ステーキには柔らかくキメの細かい肉がおすすめ。その中で、好みの脂身の量で部位を選ぶのがいい。サーロインはステーキの代名詞といってもいいくらいで、ヒレ肉に次ぐ柔らかさが特徴。口に入れた瞬間にジュワッと脂が溶け出す最高部位。脂が少ない方が好みの場合は、ヒレ肉、ランプがおすすめ。

牛ローストにするなら……

1. ランプ
2. モモ
3. サーロイン

冷めてから食べるローストビーフは、脂が多いと固まって食味や食感がくどくなるので、赤身の部位が向いている。どこの部位が最適かは和牛、国産牛、輸入牛によって変わるが、脂肪が多い和牛ならランプやモモ、輸入牛ならサーロインが良い。豚肉ならモモが適している。

塩コショウだけで食べ比べる

ジビエ図鑑

ジビエ gibier

ジビエとはフランス語で、狩猟で得た天然の野生鳥獣のこと。もともと上流階級の貴族の口にしか入らない貴重なもので、フランス料理界では古くから高級食材として重宝され、特別な料理として愛され続けてきた。日本では狩猟が解禁となる冬に、シカ、イノシシをはじめ、野ウサギ、キジ、マガモなどがジビエとして供されている。増えすぎた野生鳥獣のコントロールという意味からも、各地で狩猟や駆除で得た肉を食べようという取り組みが行われている。

調理方法

フランス料理ではジビエに濃厚なソースが添えられることが多い。これはジビエの持つ個性を強調したり、フルーツの効果で肉を柔らかくしたりする意味がある。しかし、今回は肉そのものの味や食感を比べるため、あえて塩コショウだけで焼き、シンプルかつワイルドに食べ比べることにした。実際にはそれぞれのジビエに合った味付けや調理法があるので、ＢＢＱでジビエを食べる際には挑戦してみてほしい。

4種のジビエを食べ比べ
熊肉の意外なおいしさに驚き

雉、鹿、猪、熊と4種のジビエを食べ比べて、一番驚いたのは熊肉だ。何に驚いたかというと、その脂のおいしさ。融点が低いので口に含むとすぐ溶け、サラッとしていて味に癖がない。冬眠前の熊はドングリを食べて脂肪を貯えるので良質な脂になるそうだが、今回食べた熊はたぶんそれだろうと思う。熊肉は臭いという前評判を聞いて恐る恐る口にした分、余計に驚いた。においはというと、確かに4種類の肉のなかで一番獣臭さが口に残った。猪は独特のにおいがあるものの臭いというほどではない。それよりも肉がかたい。噛み切るのに一苦労。これはソースや調理法の力を借りて柔らかくして食べた方がおいしそうだ。鹿は脂肪分がほとんどない肉質ながらもとても柔らかい。上質な赤身といった印象だ。ただ血の味が強い。赤身らしい味とも言えるが、苦手な人もいるかもしれない。雉は鶏の胸肉を少しかたくして、パサつかせた感じ。肉に弾力と旨みがある。

ちなみに、同じ種類のジビエであっても、育った環境や食べていたもの、年齢や健康状態などで肉質や香りがまったく違ってくる。ジビエを出すレストランではその個性まで見極めて調理するそうだ。機会も増えているジビエ。ただ処理によって味がかなり変わってくるので、信頼できるお店から手に入れるようにしたい。また、寄生虫対策などの観点からも調理法などは、しっかりお店で教えてもらおう。

鹿肉
venison

ヘルシーで上質な赤身

フランス料理ではジビエの中でも最高級食材。北海道ではエゾシカをよく食する。脂肪が少なく、淡白でさっぱりとした赤身。低カロリーで鉄分も豊富なのでヘルシー食材としても注目されている。特有のにおいがあるが、ローストや煮込みなどでうまい。

肉質	柔らかい	硬い
味	あっさり	しっかり
野性味	弱い	強い

雉肉
pheasant

日本人好みの滋味深さ

日本の国鳥でもあるキジは、古くから貴族の間でハレの日に欠かせない食材とされてきた。フランスではとても人気のあるジビエのひとつ。鶏肉と比べると高たんぱく低脂肪。鶏肉よりも身がしまっていてコリコリとした食感で、味は濃厚。鍋や塩焼きなどで食べる。

肉質	柔らかい	硬い
味	あっさり	しっかり
野性味	弱い	強い

熊肉
bear

野性味あふれる香り

北海道のヒグマ、本州のツキノワグマともにジビエとして食される。肉は滋養効果が高く、体をポカポカにする効果があるという。また、コラーゲンも含むので美容効果も期待できる。味噌鍋などで食されるほか、熊手の煮込みは中華料理では高級料理となっている。

肉質	柔らかい	硬い
味	あっさり	しっかり
野性味	弱い	強い

猪肉
boar

旨みが豊富な豚の祖先

豚の祖先である野生生物。豚肉よりややかたく、独特のにおいがある。赤身はもちろん、脂身もうまい。肉質がかたいので、ぼたん鍋、赤ワイン煮込み、味噌漬けなど肉を柔らかく効果のある調理法がおすすめ。他に焼肉やしゃぶしゃぶでも食べられる。

肉質	柔らかい	硬い
味	あっさり	しっかり
野性味	弱い	強い

プライベートBBQ STYLE

塊肉を野菜とともに 家族みんなで豪快BBQ時間

自宅の裏山で、楽しそうなBBQランチを楽しむ長野修平さんファミリー。
用意したのは大きな塊肉とたっぷりの野菜。
じっくり焼き上げて、家族みんなで過ごすBBQ TIMEが始まった。

PHOTO／逢坂 聡

休日のランチは家族で楽しむ裏山ＢＢＱ

ネイチャークラフト作家として、現在は神奈川県・道志エリアで、里山での生活を送る長野修平さん。キャンプイベントに出展するときには、自身のサイトの前で塊肉を吊るして豪快にベーコンを作るなど、自他ともに認めるＢＢＱ好き、肉好きとしても知られる。そんな長野さん、プライベートなＢＢＱはどんなふうに楽しんでいるのだろう？

この日は休日のお昼前。家族4人でそろってＢＢＱを楽しむ計画だ。半セルフビルドで建てた自宅兼アトリエの「みのむしハウス」の裏に広がる、自然がそのまま残った裏山。そのスペースを開拓したオープンスペースが、今日のＢＢＱ会場となる。

長野修平さん

里山暮らしを送り、自然のなかで生活をするネイチャークラフト作家。木工クラフトや野外料理など、各種イベントワークショップも精力的に活動中。著書に『里山ライフのごちそう帖』（実業之日本社）など。

今日のBBQ会場は、裏山にあるオープンスペース。家族みんなで、手分けしてチェアやテーブル、調理道具などのアイテムを持って、よいしょっと運んでいく。みんな大好きなBBQの準備だから楽しそう!

準備は家族みんなで　こだわりのグリルに着火

　まずは準備から取り掛かる。自宅テラスで使用しているチェアや、自作のテーブル、食材がたっぷり詰まったクーラーボックスなどを、家族みんなで手分けして運び出す。大好きなＢＢＱが待っているから、「重い荷物もへっちゃら！」という表情の長女・朱里ちゃんと次女・結ちゃん。テキパキと準備は進み、過ごしやすいＢＢＱスペースが完成！

　最後に長野さんが持ち込んだのは、ウェーバーのＢＢＱグリル・パフォーマーグリル。同ブランドのＢＢＱグリルを長く愛用している長野さん。巨大な塊肉を焼くときには、丸ごとフタができる大きなグリルが必要なので、自然とウェーバーにたどり着いたそうだ。

「このパフォーマーは、調理台がサイドに付いているのが便利だね。フックも付いていて小物を引っ掛けておけるし、大人数でのＢＢＱもワイワイと楽しめそうだよね」

　炭に着火をしながら、話す長野さん。その着火方法にもこだわりが。

「焚き火のときもそうだけど、着火剤は使わずに裏山に落ちている自然の素材で火をつけるんだ。手で触ることで、地面や森が乾燥しているのか湿っているのか、その日のコンディションがわかる」

　この日は拾ってきた細い枝と落ちていたイガグリで火をおこすと、あっという間に着火。赤い輝きを放ちながらイガグリも美しく燃えている。

　野菜の下処理も済ませて、準備は完了！　いよいよＢＢＱデイキャンプのスタートだ。

サイドテーブルが
便利!

本日のBBQグリルは、ウェーバーのパフォーマー。「サイドテーブル付きで食材を横に置けるから、使いやすいね」と長野さん。炭をおこすときも、自然素材を使うのが長野流。この日はイガグリを着火剤代わりに投入。

肉だけじゃなく
野菜もたっぷり用意!

「肉と一緒に同じくらいの量の野菜も食べる」のは、長野家のBBQでは当たり前のこと。「野菜は丸ごと焼き網の上に載せて、転がすように焼く。それだけで甘くてジューシーになるから、子どもたちもおいしそうに食べるよ」。この日は、パプリカ、ピーマン、アスパラガス、ナス、ニンニク、シイタケ、マッシュルーム、ミニトマトなどを準備。

豪快BBQの
はじまり!

脚を広げて、木の板を2枚はめ込むカウンターテーブルは、調理台として使用。立ったまま調理するのにちょうどいい高さで、下段には小物を置いておくこともできる。愛用のオカモチには調理道具やスパイスなどの調味料が入っている。木箱の中に断熱材となる発泡ウレタンをはめ込んだオリジナルクーラーボックスには、食材がたっぷり入る。

豪快ＢＢＱを快適に過ごすためのサイトセッティング

炭に火をつけてからおよそ30分。「そろそろいいかな」と、よく熱して高温になったグリルの様子を見て、大きなトングで牛ロース肉の塊を掴んだ長野さん。

「肉はＢＢＱが始まる3時間前ぐらいに冷蔵庫から出して、常温に戻しておくのが基本。焼きムラがなくなって、上手に焼けるんだ」

牛肉は焦げ目が付くくらいまで焼いたらひっくり返してもう片面も焼く。その後、中～弱火にしてしばらくローストして焼き上げる。まさに豪快！　もうひとつの肉は丸鶏。前の日の晩からタレに漬け込み、平たく開いたスパッチコックもじっくりと焼いていく。

家族のくつろぎ
スペース完成!

とにかく過ごしやすく! こだわりの快適BBQ空間

自宅の玄関テラスに設置しているイスをそのまま運んで家族4人分のチェアとして活用。こちらも自作のローテーブルと組み合わせて、くつろぎのBBQスペースができあがった。大人も子どもも近い目線で食事が楽しめる。調理台とBBQグリルの高さがほぼ同じで、食材の下準備→調理への流れをスムーズに行うことができる。

快適さと過ごしやすさを追求したBBQスペース

肉をローストしている間に、BBQスペースをじっくり拝見。食事をとるスペースには、自作のローテーブルとチェア2脚に加えて「最近手に入れた」というミリタリーチェアを並べた。家族4人で向かい合って、子どもと近い目線で食事ができるセッティングだ。その横には、BBQグリルと同じくらいの高さのカウンターテーブルを設置。調理しやすい高さで、準備した食材をそのままグリルへ運ぶことができる。何においても快適さ、過ごしやすさを追い求める長野さんらしいBBQ空間だ。

フタに付いた温度計を見ながら、炭を足したり位置を動かしながらグリル内の温度を調整して焼き上げていく。いいにおいが広がってきた。もうすこしで、焼き上がりそうだ。

BEEF 牛ロースブロックの丸焼き

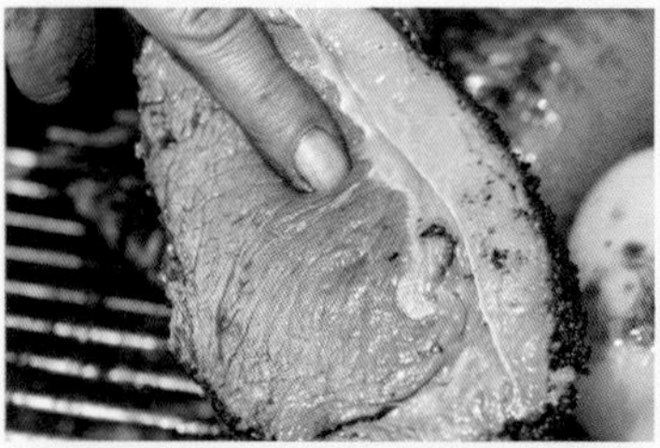

【材料】
牛ロース肉3kg
まぶし塩：塩60g、コショウ小さじ1、おろしニンニク小さじ2

【レシピ】

1. 肉は事前に常温の場所に出しておく。BBQをする直前に、まぶし塩を全体によくすり込む。
2. ロースの脂身側から強火の炭火の上に網に載せて焼く。焦げ目が付いてきた裏も同様に焼く。
3. 両面に焦げ目が付いたら中～弱火にしフタを載せ50分ロースト。
4. 肉を切って中心が肌温度以上になっていればOK。あとは好みの焼き具合にして食べる。

クレープに巻いて

ブロック肉を薄切りにして、グリーンレタス、スライスしたトマト、タマネギ、と一緒に、ラウンドグリルで焼いた薄いクレープで巻く。子どもが喜ぶ食べ方。

VEGETABLE

BBQ RECIPE #02

丸ごと野菜焼き

【材料】

パプリカ、ピーマン、アスパラガス、シイタケ、マッシュルーム、ナス、ミニトマト、ニンニク

【レシピ】

1. 野菜類は軽く洗って水気を取り、シイタケは石突きの先を切り、マッシュルームは汚れを取る。
2. 火はやや強火にして網の上へ。ニンニクは房ごと、ナスは縦半割り、ミニトマトはシェラカップに入れて、それ以外は丸ごと焼く。
3. すべて皮目に焦げ色がついたら返し、好みの焼き具合でいただく。

【食べ方】

1. 焼けたらまずはそのままの味を堪能。
2. その後お好みでスパイス塩やマスタードソースをつけて。
3. ピーマンやパプリカは種ごといただける。
4. パプリカは1時間ほどじっくり焼くと、驚くほどおいしい。

BBQ RECIPE #03

CHICKEN

スパッチコックの漬け込みBBQ

【材料】

丸鶏1羽（2kg）

漬け込み液：蜂蜜120㎖、塩小さじ2、醤油大さじ5、ローズマリー 2本

【レシピ】

1. 丸鶏はキッチンバサミで背骨の両脇から切り、背骨を外して背開きにする。開いた中央の薄皮の下にある茶色い骨（ヤゲン軟骨）も外す。
2. 漬け込み液へ一晩漬け、焼く前に常温に戻しておく。竹串を鶏モモの膝裏から手羽の付け根に向かい2本を十字に刺して平たく固定。
3. 皮目から中火の炭火の上の網に載せて焼く。
4. 焦げ目がついたら返し中火〜弱火で40分焼き、中まで火が通っていたらOK。

BBQチキンのリーフサラダ

ベビーリーフを器に盛って、焼けたBBQチキンを小さく切ったり削いだりしたものを混ぜ合わせる。最後にドレッシングで和えて完成。

【長野流3種のBBQソース】

A　オリーブオイルソース
【材料】　オリーブオイル適量、塩適量

B　マスタードソース
【材料】　卵黄1個、レモン汁大さじ1、ディジョンマスタード大さじ2、塩小さじ1/2、あらびきコショウ少々、ディル適宜（フレッシュまたはドライハーブ）

C　ハーブ塩
【材料】　塩適量、コショウ適量、ドライパウダーハーブ類（パプリカ、パセリ、ガーリック、タイム、オレガノ、オニオン）それぞれ適量

野菜もしっかり食べられる多彩なアレンジBBQ

じっくりローストした牛ロースと丸鶏の様子を見て「そろそろいいかな」と、肉を取り出す長野さん。

「塊肉は外側からだんだん火が通るから、焼きすぎるということがほとんどない。スパッチコックは焼けた部分からナイフで削ぎ落とすように食べればいいし、牛肉はレアからウェルダンまでいろいろな焼け具合の味を楽しめる」

焼き上がった肉は、野菜と和えてサラダにしたり、クレープやマフィンに挟んで食べるのが長野家の定番。子どもたちは自分で完成させておいしそうに頬張っている。味が違うBBQソースもあるので、飽きずにお腹いっぱいまで食べられる。その分、のんびりとしたBBQランチの時間をゆっくり過ごすことができるのだ。

肉の味わい、野菜のうまみ、準備のワクワク感、ゆっくりと流れる時間。BBQの楽しみは、いろいろだ。それを家族全員がそろって、楽しみ尽くす長野流BBQスタイル。休日の昼下がり、こんなBBQ時間を過ごしてみたい。

Chapter
2

焚き火料理

炎を愛でながら作る焚き火料理は
いかに火をコントロールするかがポイント。
シンプルに食材を焼くだけでもおいしいが
道具を駆使することでより本格的な味わいに。
焚き火の炎を操り、豪快に仕上げる。

WILD Cooking

丸鶏マリネのアースオーブン焼き

PHOTO／逢坂 聡　RECIPE／長野修平

土のなかで鶏を蒸し焼きに。ジューシーなチキンが完成

ダッチオーブンを使った鶏の丸焼きローストは、キャンプの定番料理のひとつ。だが、鉄鍋を使わないワイルドな調理方法もある。それは「土中焼き」。土を掘って作った穴をオーブンに見立てる焼き方だ。一晩マリネ液に漬け込んだ丸鶏を葛の葉と蔓で包んであらかじめ熱した石を敷いた土の中へ。さらに石と土で覆い、その上で火を焚いて焼き上げていく。焚き火を楽しんでいると、その間に出来上がってくれるというわけだ。およそ2時間ほどで取り出し、葉を切ってのぞいてみると葛の葉の水分で蒸されてジューシーに焼き上がった「丸鶏マリネのアースオーブン焼き」が完成。そのままナイフと手でちぎって豪快にかぶりつくと、さらにおいしく感じられるから不思議だ。

前日から、オリーブオイル、塩、レモン汁、ローズマリー、コショウ、赤唐辛子で作ったマリネ液に漬けておく。焼く前にしっかり常温に戻すのがポイント。

焚き火の炉の中に穴を掘り、内部に石を敷き詰めてその上で焚き火をする。2時間ほど火を焚いて、温度を上げておく。

葛の葉っぱと蔓を使って3重に巻いた丸鶏を、熱した炉の中へ。石を載せて、その上でおよそ2時間ほど焚き火をして温度を上げていく。

【材料】

丸鶏　1kg

◎マリネ液

オリーブオイル大さじ6、塩20g、
レモン汁大さじ1、ローズマリー生2本、
あら挽きコショウ、赤唐辛子2本

【作り方】

1. マリネ液に一晩漬けた丸鳥は、調理の30分前に冷蔵庫から出して常温に戻しておく。
2. 葛の葉と蔓で全体を3重程度に巻き込む。
3. 焚き火の炉の中に穴を掘り、石を敷き詰める。その上で2時間ほど焚き火をして炉の温度を上げておく。
4. 焼いた炉に丸鶏を入れて、さらに石で覆う。その上でさらに2時間ほど焚き火をする。
5. 掘り起こして葉を外して、手で引きちぎるようにして食べる。好みでレモンを搾りながら。

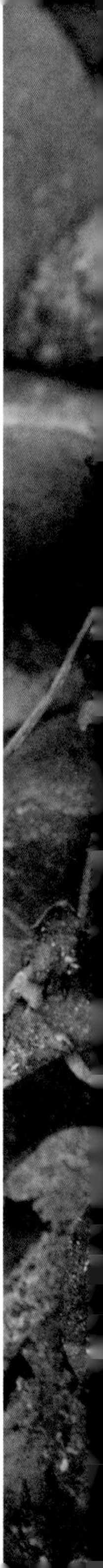

WILD Cooking

牛肩ロース肉の焚き火ローストビーフ

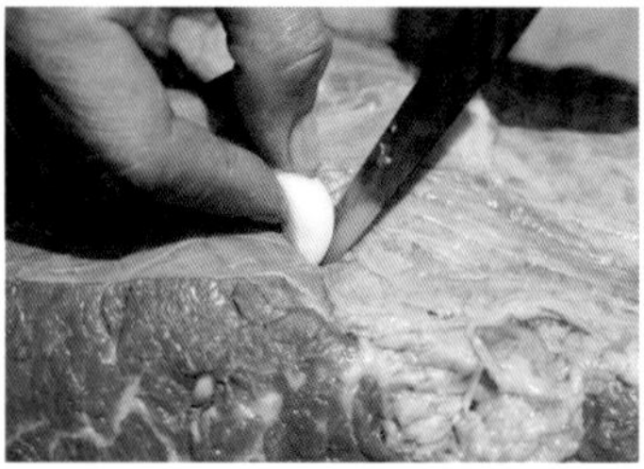

牛肩ロース肉にナイフで切り込みを入れて、つぶしたニンニクを肉全体に行き渡るように、均等に差し込んでいく。

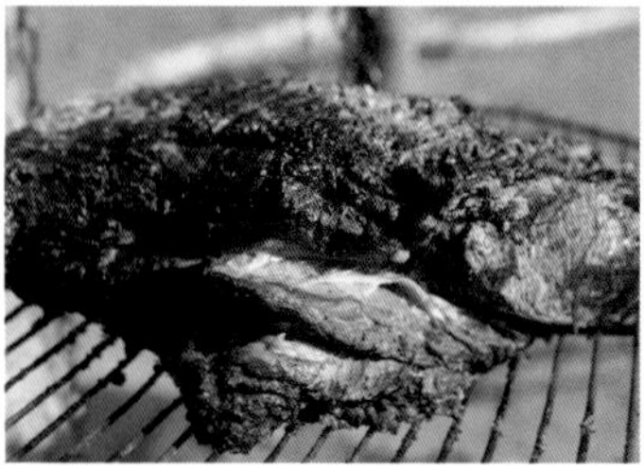

何度かひっくり返しながら、牛肩ロース肉をじっくりと炙っていく。生の肉からだんだんとこんがりと焼き上がっていく。

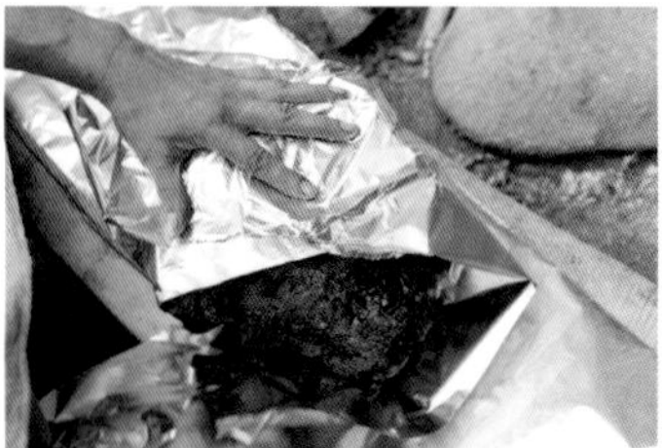

仕上げに、アルミホイルで包んでしばし待つ。こうすることで、肉汁が肉に回る効果があり、中の熱の通り方が均一になる。

これぞ豪快の極み!
焚き火の熱だけで作る絶品肉料理

ダッチオーブンなどで作るのが一般的なローストビーフ。しかし温度管理さえしっかりしていれば、焚き火の熱だけでも作れる。下味をつけた5kgの牛の肩ロース肉を、豪快に焚き火の上に置いた鉄網に載せる。あとは、炎が直接肉に当たらないように気をつけながら、遠火で全体を炙るような感覚で焼いていく。途中で何度かひっくり返して、表面がこんがりするまで焼いたところで取り出したのは鉄串。「これを肉の真ん中まで刺してから抜いて、大体人肌程度の温度だったらできあがりの目安。あとはアルミホイルに包んで、肉汁が全体に回るのを待つだけ」。断面がレアのローストビーフの完成だ。大葉やわさび、ホースラディッシュと一緒に食べる。

【材料】
牛肩ロース肉　5kg
タマネギ　1個
ニンニク　1房
塩・あら挽きコショウ　適宜
醤油、大葉、わさび、ホースラディッシュ

【作り方】
1 牛肩ロース肉はおろしたタマネギとニンニクをまぶしてビニール袋に入れて一晩冷蔵庫に。調理の2時間前に冷蔵庫から出して常温に戻しておく。
2 肉にナイフを刺し、つぶしたニンニク1房分を均等に差し込んで、全体にたっぷりの塩とあら挽きコショウをなで付ける。
3 焚き火の上に吊った鉄網の上に置き、遠火で全面を炙っていく。
4 肉の中心が人肌程度の温度になったら、アルミホイルで包み常温で60分ほど休ませる。
5 肉を薄くスライスし、大葉の千切り、わさび、醤油、ホースラディッシュなどで食べる。

【材料】
豚バラ肉　4 kg
◎ブレンド塩
　塩160g、三温糖80g、唐辛子2本、
　ローリエ4枚、ニンニク4片、
　黒コショウホール20粒ほど、
　ブランデー大さじ1
カキドオシ（野草）　少々 ※付け合わせ

【作り方】
❶ ブレンド塩を合わせて、豚バラ肉にすり込む。ビニール袋へ入れて、空気を抜いて密閉する。
❷ 20度以下の涼しい場所に4日間おく。4日後、1時間ほど水を換えながら塩抜きをする。
❸ 焚き火に吊るし、熱風で乾燥させる。さらに煙でスモークしながら1〜3日ほど吊るすと完成。

絶品の特製ベーコンは
じっくりと時間をかけて

　イベントなどに出展する際に、長野さんが決まって作るのが焚き火で作る自家製のベーコンだ。
「木のトライポッドを作って、そこに鎖でベーコンを吊るしておくんだよ。そうすると通りかかる人が興味を持って見ていってくれるし、イベントの最中にだんだんとできあがっていくのがおもしろくて。端のほうから、ナイフで削りながら食べるんだ」
　ブレンド塩に漬け込んだ豚肉をそのままぶら下げて、焚き火の煙でじっくりと燻していく。気温が高い日だと丸1日で食べられるけど、そうじゃなければ出来上がるまでのんびりと待つ。その時間も楽しむことができるのが、この吊るしベーコンだ。

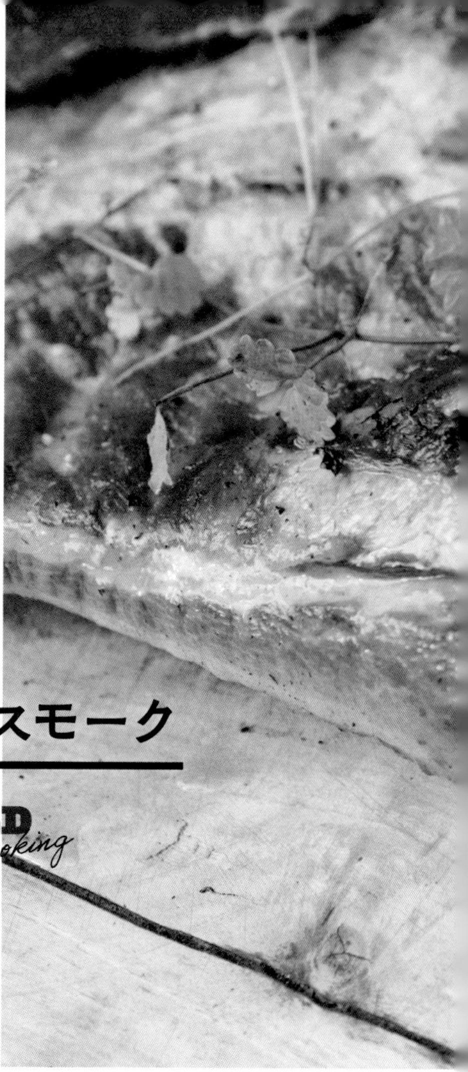

豚バラ肉のワイルドスモーク
吊るしベーコン

WILD Cooking

はじめは炎を上げて、その熱風で豚バラ肉を炙るように焼いていく。直接炎があたらないように注意。その後、焚き火の煙で薫製していく。

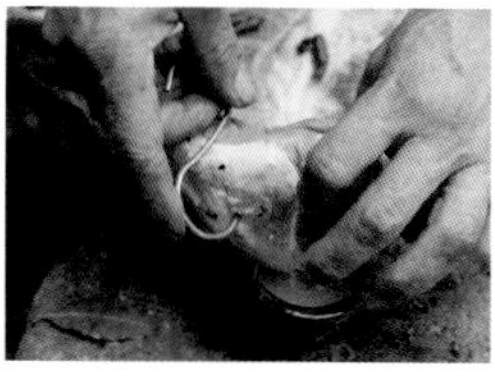

塩抜きをした豚バラ肉を塊のまま焚き火に吊るすため、ステンレス製のS字フックを肉の四隅の内側に外れないように差し込んでいく。

唐辛子やローリエ、ニンニクなどを混ぜ合わせたブレンド塩に4日間漬け込んだ4kgの豚バラ肉。調理前には水を入れて塩抜きをする。

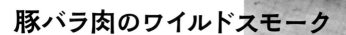

合鴨ロースの蜂蜜リンゴ石焼きロースト

WILD Cooking

豪快だけど繊細な、鴨と蜂蜜リンゴの味わい。

平らで少し面積の広い石を選んで焚き火の炎で熱していく長野さん。クーラーボックスから取り出したのは、蜂蜜とリンゴに一晩漬け込んだ合鴨のロース肉だ。

「鴨の肉は蜂蜜とすごく相性がよくて、おいしく食べられるんだ。よく焼いた石の上で焼くと、皮がこんがりとしておいしくなるよ」

オリーブオイルをたらして、じっくり焼き上げていく。鴨肉をカットしてみると、遠赤外線効果で中はきれいなピンク色に仕上がっていた。ソテーしたリンゴとレモンを添えれば、フランス料理のようなできあがりに。

【材料】

合鴨ロース肉　300g
蜂蜜　100cc
リンゴ　1/3個
シナモンパウダー　少々
塩、コショウ　適宜

【作り方】

1. リンゴはスライスして蜂蜜漬けにしておく。
2. 合鴨ロース肉を蜂蜜リンゴに一晩漬ける。
3. 2時間ほど焚き火で焼いた石にオリーブオイルを塗り、肉は塩・コショウをした皮目から焼いていく。
4. 焦げ目が付いたら返し、中はロゼにロースト。最後に蜂蜜リンゴの漬け液を塗って焼く。
5. リンゴはさっと焼いてシナモンパウダーを振り、スライスした肉と一緒に食べる。

合鴨のロース肉は、塊のまま蜂蜜漬けにしたリンゴと一晩漬けておく。鴨肉に合う甘い味付けになるとともに、肉が柔らかくなる効果もある。

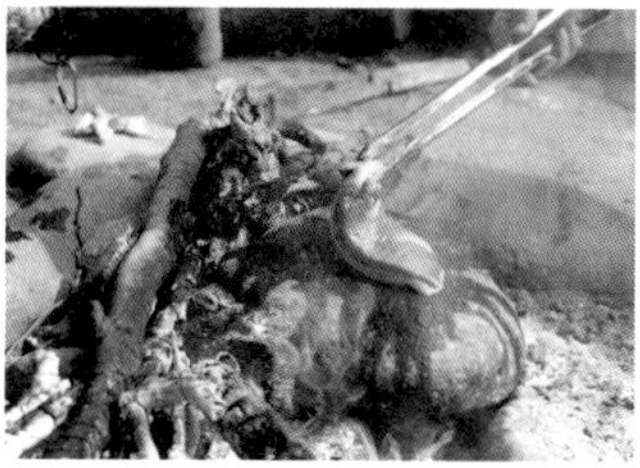

よく熱した平らな石の上にオリーブオイルを引いて、そのまま合鴨を焼いていく。はじめは皮の面から。ジューッという音が鳴り、まさに豪快。

高温に熱した石は皮をパリパリに焼き上げて、遠赤外線効果で中はじんわりと熱を通してくれる。焼き上げながら、塩と挽きたてのコショウを。

※水分を含んだ石は、熱すると割れたり破片が飛び散る恐れがあるので要注意。すでに火にかけたあとの石を使うようにしよう。河原など水源の近くにある石は危険なので避ける。万一割れても飛び散らないように、加熱時は太く重い薪などを載せて石を抑えるなど対策を。

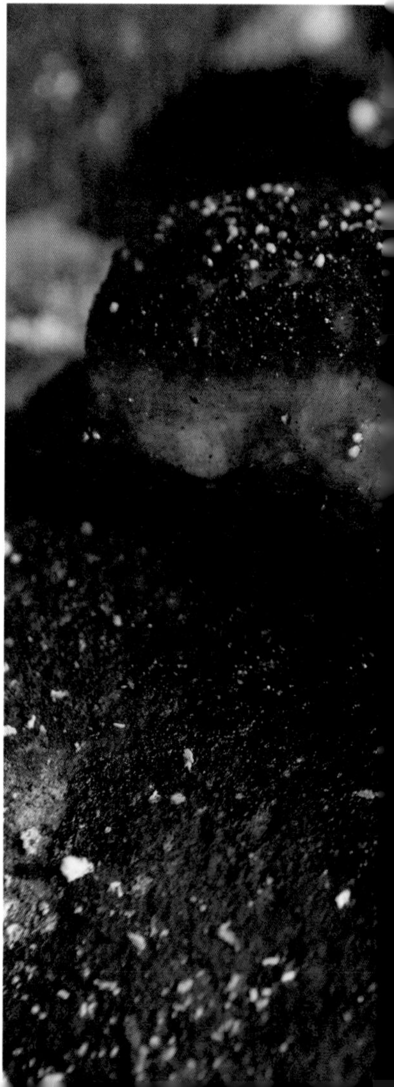

焚き火 丸焼き野菜

【材料】

◎野菜

ニンジン、ピーマン、ブロッコリー、長ネギ、パプリカ

◎ブレンド塩

カレー粉+塩・山椒粉+塩　各適宜

【作り方】

1. 野菜は洗ってから、そのまま焚き火上の網に載せて丸焼きする。
2. 焼けたら好みのブレンド塩などで食べる。

おすすめは塩とカレー粉を混ぜたカレー塩や、山椒の粉と塩を混ぜた山椒塩。どちらもシンプルで、野菜のおいしさを感じられる味わい。

焚き火の上に置いた焼き網で転がすように焼き上げていく。表面が焦げるくらいまで焼くと、中はとろけるようにジューシーに焼き上がっておいしい。

野菜摂取はできるだけシンプルに。だけどおいしく

牛、豚、鶏、鴨と、肉料理をこれでもかと楽しんできたが、やはり野菜もしっかりと摂っておきたい。
「キャンプ場で野菜を切ったり下準備するのは大変だから、できるだけ手間をかけないで、シンプルに食べるようにしている」という長野さんの定番は、野菜の丸焼きと自宅で漬け込んでそのままビンごとキャンプ地に持っていくピクルス。野菜はローストビーフを調理しながら、一緒に鉄網の上で転がしておけば焼き上がるし、ピクルスもその場ですぐに食べられるから、とても合理的。いかに現場で食べやすく準備をするかも重要なポイントだ。

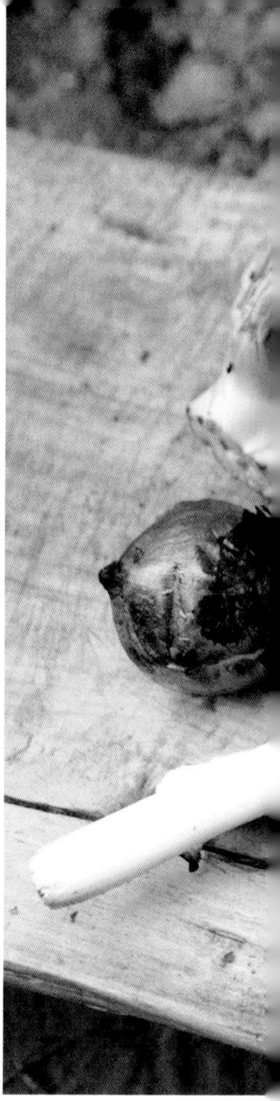

自家製ピクルス

【材料】

◎ピクルス液
米酢・白ワイン・水各200㎖、
砂糖60g、塩小さじ2、
粒コショウ10粒、
唐辛子4本、ローリエ4枚、
スライスニンニク2片、ディル少々

◎野菜
タマネギ、キュウリ、プチトマト、
パプリカ、ピーマン、ニンジン

【作り方】

1. ピクルス液は材料を合わせ、沸騰直前まで沸かしてから冷ます。
2. カットして湯通しした野菜をザルで冷まし、液に漬け込む。

Chapter
3

酒と料理

キャンプではうまい酒が飲みたくなる。
その酒に合う料理があれば、言うことはない。
酒の旨みと料理のおいしさ。
互いに引き立て合う組み合わせを屋外で味わえば
自然の恵を感じることができる。

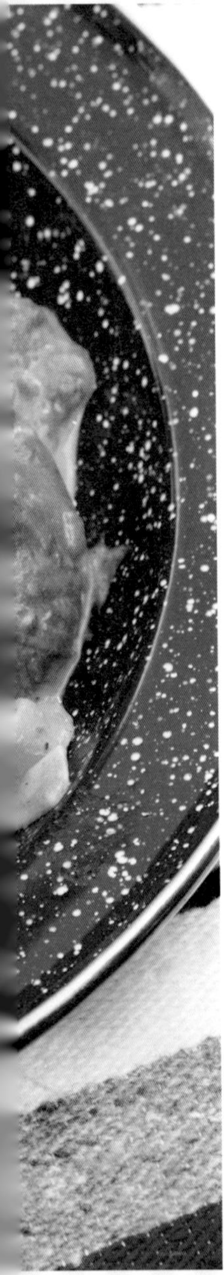

Chapter 3~5 の
レシピを教えてくれるのは……

A-sukeさん

東京・水道橋にあるカフェ「BASE CAMP」店主。キャンプから狩猟まで広く深い知識と経験をもつ。デザイナーの経歴をもち、これまでにナイフやグリルプレート（ともにtent-Mark DESIGNS）をプロデュースしている。
www.cafe-basecamp.com/

PHOTO／大畑陽子（P54～P143）

ALCOHOL 01

梅酒

梅酒は家庭でも簡単に作ることができる果実酒。
飲用酒としてだけでなく、
健康酒や食前酒などとしても親しまれている。
甘みが強く、水やソーダで割って飲んでもおいしいので女性に人気だが、
アルコール度数は高いことが多いので要注意！

タレや薬味は自宅で仕込んで持っていこう。

しゃぶしゃぶしたら、すぐに氷水で冷やす。

梅はちみつダレの豚しゃぶサラダ

材料（2人分）
【梅はちみつダレ】
梅干し　2コ
ハチミツ　小さじ1
しょうゆ　小さじ1
みりん　小さじ1
ポン酢　小さじ1

豚バラスライス肉　50g
レタス　適量
新タマネギ　1/2コ
トマト　1コ
オクラ　3～4本
みょうが　適量

作り方
【事前の準備】
❶ 梅干しの種を抜いて叩き、梅はちみつダレの材料をすべて混ぜ合わせてタレを作る。
❷ レタスはちぎってジッパー付き袋へ。新タマネギとみょうがは薄くスライス、オクラは軽くゆでて輪切りにしてそれぞれラップに包んで混ざらないようにタッパーなどに入れておく。

【現場での工程】
❶ 小鍋にお湯を沸かして豚バラ肉をしゃぶしゃぶをする。
❷ ボウルに氷水を入れておいて、火の通った豚肉を冷やす。
❸ 皿にレタスを盛り付けて、その上にバランス良くお肉と野菜を盛り付けましょう。梅ダレをかけたら完成。
このレシピはうどんやそうめんなどと合わせてもおいしいので、ぜひトライしてみよう！

手際に自信がなければソースだけ先に作るのもアリ。

パスタは茹で上がったら素早くソースと合わせよう。

MENU 梅肉とツナのペペロンチーニ

材料（2人分）

梅干し　3コ
ツナ缶　1缶
鷹の爪　3本程度
ニンニク　3カケ程度
フライドガーリック　適量
大葉　3枚ほど
刻みのり　適量
オリーブオイル　適量
スパゲティ
（太さはお好みで）200g

作り方

❶ ニンニクを薄くスライス、梅干しは種を抜いて粗く刻む。大葉も細切りにしておこう。
❷ パスタを茹でる用に、大鍋にお湯を沸かす。塩を1ℓにつき10g程度入れる。目安は塩水以下で少し塩辛いくらい。
❸ 大鍋にスパゲティを投入する。袋に書いてある茹で時間を目安に茹で上げる。
❹ パスタを茹でている間にフライパンにスライスしたニンニクと鷹の爪とオリーブオイルを入れて中火にかける。焦げないように注意。香りが出てきたらオイルを切ったツナと梅干し、それとパスタの茹で汁をオタマ1杯分入れてかきまぜる。水分が飛びすぎないように火を調節しながら煮詰める。
❺ パスタが茹で上がったら、急いでソースと混ぜ合わせる。
❻ 皿に盛って大葉、フライドガーリック、刻みのりをかけたらできあがり！
このレシピは冷製パスタでもおいしい。そちらもおすすめ！

RECOMMEND

\ アウトドアで梅酒を飲むための3つのこだわり /

ロックアイスで飲む

梅雨の時期はやはり冷たくして飲みたい。オン・ザ・ロックは氷にお酒を注ぐだけだけど、なかなか奥が深い。大きな氷が少しずつ溶けていく味を楽しみたい。

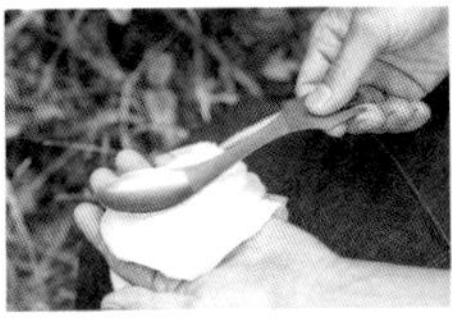

クラッシュアイスで飲む

氷を細かく砕くだけでまた味わいが変わるから不思議だ。クラッシュアイスはビニール袋に入れてスプーンを使って手のひらで砕こう。スナップを効かせれば簡単で安全。

他のお酒と割って飲む

梅酒はカクテルにしても優秀。赤でも白でもロゼでも合うのだけれど、赤ワインとのコンビネーションは絶品。また、梅酒30cc程度にビールを注いでも◎。ビールの苦みが柔らかくなって飲みやすいので女性にはとくにおすすめ。

梅雨の時期でも楽しめる『アウトドア梅酒』のお誘い

キャンパーにとってちょっといやな季節が梅雨。雨ばっかりだから、実際にフィールドへ遊びに行ける時間が減ってしまう。語源は諸説あるけど、雨が多くて梅が熟す季節なので梅雨なんだとか。

梅で仕込む梅酒は家庭でも簡単に作れるので、自分で仕込むという方も多いはず。女性を中心に人気のある梅酒は、クエン酸をはじめとした多くの有機酸が含まれていて、疲労回復・食欲増進など多くの効能もあるので、男性にもおすすめ。ロックやソーダ割り、さらにお湯割りなど幅広い飲み方ができるのも魅力。カクテルベースとしても優秀で、ワインやビールと割る以外にもおいしいレシピがたくさんある。

雨が多くてフィールドに出られない時は、今年の梅で梅酒を仕込んで、来年の出来に思いをはせながら、昨年仕込んだ梅酒を飲んだり、部屋でギアのメンテナンスをしたりフライを巻いたりしながら梅酒を飲む。そんな過ごし方もおすすめしたい。

また梅雨の時期は食材が腐敗しやすいので、雨のフィールドに出かけるときは、梅を使った外ごはんレシピでおいしく安全に楽しもう。梅干しには殺菌効果があり、昔からおにぎりにするのもそれが理由。高い塩分のおかげで常温保存可能な点もアウトドア向き食材と言える。(最近の梅干しは塩分控えめになって、その効果は薄い場合も)。

食が細くなる時期でも酸味が食欲を増進してくれるので、飲んで食べて遊んで梅雨を乗り切ろう!

ALCOHOL
02

ジン

麦やジャガイモなどを原料とした蒸留酒で、
ジュニパーベリーというスパイスで
香りづけしているのが特徴。
カクテルの材料として
最も多く使われるお酒の一つ。

アジの爽やかカルパッチョ

三枚に下ろすときは頭を落としてから下ろすと身と骨の境目がわかりやすい。

仕上げに振りかけるライムは、風味を残すために食べる直前に搾る。

材料（2人前）

アジ　1尾
（お刺身用の切り身でもほかの魚でも問題ないです）
新玉ねぎ　1/2コ
水菜　少し
ミニトマト　1コ
バジル　数枚
ライム　1/4コ
オリーブオイル　適量
塩コショウ　適量

作り方

❶ 新玉ねぎをできるだけ薄くスライスする。水菜も3cm程度にカット。
❷ アジを三枚に下ろして骨を抜いて皮を引く。ここまでは自宅でやるのをおすすめ。
❸ アジを適当な厚みに削ぎ切り皿に並べる。
❹ 新玉ねぎのスライスと水菜、細かくちぎったバジル、細かくカットしたミニトマトで飾る。
❺ 食べる前に塩コショウをしてオリーブオイルを回しかけてライムを搾ればできあがり！　シンプルな味付けなので少しいい塩を使うとおいしさがグレードアップする。

MENU

エスニックライムチキングリル

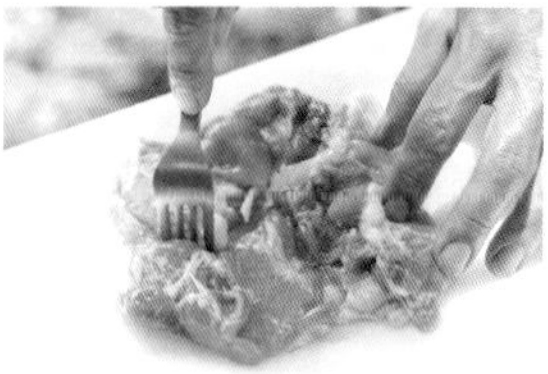

鶏モモ肉は漬け込む前に全体をフォークで刺しておこう。

鶏肉は中まで火が通りにくいので弱火〜中火でじっくり焼こう。

材料（2人分）

鶏モモ肉　1枚
パクチー　適量
ライム　1/4コ
ナンプラー　大さじ1・小さじ1
スイートチリ　大さじ1

作り方

❶ 鶏肉は全体をフォークで刺して味を染み込みやすくする。ファスナー付きビニール袋にナンプラー大さじ1を入れて鶏モモを入れてよく揉んで20分〜一晩。前日に自宅でここまでやっておくのがおすすめ。

❷ フライパンで皮の面から焼いていく。弱火〜中火で焦げないようにじっくりと。皮に色が付いてきたらひっくり返してさらに焼いていく。焼きあがったら少しだけ待つ。すぐに切ると肉汁が出てしまうので注意。

❸ 待っている間に、ナンプラー小さじ1とスイートチリ大さじ1を合わせてソースを作る。

❹ 鶏モモ肉をカットして皿に盛りつける。ソースをかけてライムを搾り、パクチーをちぎって完成。付け合わせはサラダ的なものが合う。

RECOMMEND

\ アウトドアでジンを飲むための3つのこだわり /

マティーニで飲む

今では割れない素材のマティーニグラスもある。冷やすために氷を入れたカップでジンとドライベルモットを入れてステア。マティーニグラスに注いだら完成。割合を変えて自分の好みを見つけよう。

カクテルで飲む

ジンといえばカクテル。柑橘&炭酸はなんでも相性がいい。ロックにカットした果実を落とすのもよし。いろいろ試して自分のお気に入りを見つけよう。

キュウリを入れて飲む

実はキュウリと相性がいい。製品としてキュウリで香りづけしているモノまであるくらい。ロックのジンをキュウリでかき回して飲めば爽やかな夏の味。お試しあれ!!

爽快な飲み心地で夏に最適！ジンを片手に、夏を満喫！

本格的な夏は絶好のキャンプシーズン。でも、日本の夏は温度が高いだけじゃなくて湿度も不快感も高いのが現実……。外遊びで汗ばんだ体にはビールもいいけれど、少し気分を変えて爽やかな香りのジンを飲むのはいかが？

ジンはかつてのイギリスでは安くて度数が高いことから「労働者のお酒」として不健全なイメージがあったとのこと。でもその後は広く広まり、貴族出身で首相にまでなったあのウィンストン・チャーチル氏も愛飲したほど愛飲されるようになった。今ではカクテルのベースとして最もスタンダードなお酒で、ジントニックはもちろんのことカクテルの王様・マティーニのベースとしても知られている。

ジンはソーダやジンジャエールなどの炭酸や柑橘系フルーツとの相性がバツグンにいい。ライムやレモンはもちろんのことオレンジやゆず、かぼす、すだちなんかのジャパニーズシトラスたちだってＯＫ。どう飲んだって爽やかになる。

暑い日にシーカヤックを漕いで、釣りなんかを楽しみながらの海キャンプなんてとき、太陽が高いうちからライムやレモンの入ったジンなんて想像しただけでおいしい。せっかくレモンやライムを持っていくのなら、料理にも使ってみよう。

レモンやライムは夏の外ごはんでも大活躍。魚料理やサラダにも使えるし、ＢＢＱでの肉料理もレモンやライムを使えばサッパリとして食べやすい。さらに疲労回復効果や殺菌効果、消化器系の機能を高めるなど夏にもってこいの効能もたくさん。暑い時期にぴったりなお酒と料理で、夏を満喫しよう。

ALCOHOL
03

ハイボール

日本ではウイスキーのソーダ割りのことを指す。
一時は下火になったものの、
ここ10数年ほどで人気が復活したカクテル。
爽やかな飲み口で、夏にピッタリなお酒。

バッファローチキンウィング

材料（2人分）

手羽先　6本
片栗粉　少々
セロリ　好きなだけ
塩コショウ　少々
○タバスコ　小さじ1
○ケチャップ　大さじ2
○にんにくチューブ　5cm程度
☆ブルーチーズ　大さじ1
☆クリームチーズ　大さじ1
☆マヨネーズ　大さじ1

作り方

❶ 自宅でチキンに絡めるピリ辛ソース（○をすべて混ぜる）とブルーチーズディップ（☆をすべて混ぜる）を作っておく。セロリも自宅でカットしておくと時間が短縮できる。
❷ 現場で、まずはスキレットにサラダ油（分量外）を入れて火を入れて揚げる準備をする。手羽先は塩コショウをしてから片栗粉をつけておく。
❸ 油の温度が上がって準備ができたら手羽先を投入。皮のほうからしっかりきつね色になるまで揚げる。
❹ ひっくり返して裏もきつね色になったらピリ辛ソースと絡めて、セロリ、ブルーチーズディップと一緒に盛り付けたら完成。

ソースは自宅で作りタッパーで持参。aladdinのアコーディオンコンテナが便利。

アウトドアでは油の処理に困るのでスキレットに薄く油をひいて片面ずつ揚げる。

ラム香る簡単本格カレー

材料（2人分）

ラムチョップ　4本
（ラム肉なら他の部位でもOK）
玉ねぎ　中ぐらい1コ
ひよこ豆（カルバンゾー）　1缶
カレールー　通常の半分ぐらい
トマト缶　1缶
水　100cc
にんにくチューブ　5cm程度
生姜チューブ　5cm程度
クミンシード　少々
オリーブオイル　少々
塩コショウ　少々
お米　2合程度
イタリアンパセリ　少々

作り方

1. ダッチオーブンにオリーブオイルとクミンシードを入れて焦げないように弱火で香りを出す。十分香りが出たらラムチョップを焼く。ここでは中まで火が通ってなくてもOK。表裏しっかり焼き色がつくくらい焼く。
2. 肉を取り出して別皿へ。ダッチオーブンにみじん切りにした玉ねぎを入れて透明になるまで炒める。
3. ひよこ豆、にんにくチューブ、生姜チューブ、トマト缶、水を入れてひと煮立ちさせる。
4. カレールーを入れて、焦げないようにかき混ぜてもうひと煮立ちさせたらラムをダッチオーブンに戻す。この時、皿に残った脂なども一緒に全部入れる。5分ほどおいて余熱でラムに火を通したらカレーはできあがり。お米と一緒に盛りつけ、イタリアンパセリを載せて完成。

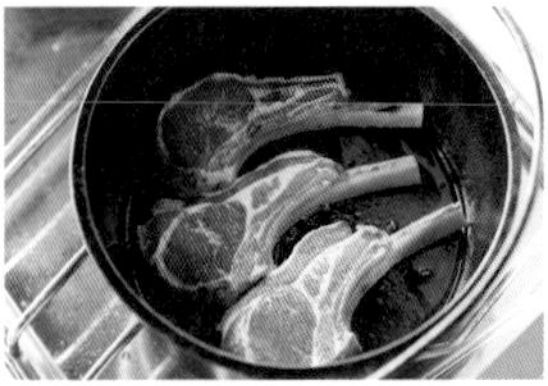

カレーを煮る鍋でラムを焼くと脂の旨みが余すことなく使える。

ルーの量はお好みで。でもトマトの酸味を感じられるくらいがおすすめ。

RECOMMEND

\ アウトドアでハイボールを飲むための3つのこだわり /

手作りジンジャーエールで飲む

ソーダではなくてジンジャーエールで割るのもおいしい。糖分が多いから飲みすぎにはご注意を!!

作り方：
ショウガ1パックを薄くスライスして、その重量の倍の量のお水と砂糖で、20分弱火で煮る。レモンとハチミツを大さじ1杯ほど入れて冷ませばできあがり!

ミントやライムを入れて飲む

ハイボールにミントとライムを入れてもおいしい。モヒートのような爽やかさが夏らしい。レモンだけでも十分変わるので試してみよう!

トマトハイボールで飲む

ウイスキーとトマトジュース同量（30cc程度）に残りソーダを入れて飲むと独特の爽やかさのあるハイボールに。夏にはおいしい爽やかさなのでぜひお試しを!

暑い夏に、スッキリハイボールとHOTなスパイス肉料理を

夏に飲むお酒としてはキンキンに冷えたビールが定番だが、夏キャンプにおいしい飲み物として「夏こそハイボール」を提案したい。

ハイボールは本来、リキュールなどの強めのお酒を炭酸で割ったもの全般のことだが、日本においてはウイスキーのソーダ割りを指す。

かつては中高年世代を中心に人気を博したハイボールも、ウイスキー人気の下火とともにハイボール人気にもかげりが……。しかし、10数年ほど前から若者にも認知度が広がり、押しも押されぬ人気カクテルへと復活した。

そしてこのハイボールのさっぱりとした味わいが、夏のキャンプ料理にぴったり。キャンプの定番といえばBBQやカレーのように脂っこい料理が多いが、ハイボールはそんな料理との相性が抜群。紹介するレシピも、暑い時期のキャンプで無性に食べたくなるスパイスの効いた辛い肉料理をチョイス。ハイボールと合わせて、キャンプ料理をフルに楽しもう。さらに、ミントやライム、トマトジュースで割るなど、さまざまな楽しみ方ができるのもいいところ。自分なりの飲み方を探してみるのもおすすめだ。

ところで、このハイボールはウイスキーと炭酸のみなので糖質はゼロ。プリン体もほぼ含まない。カロリーもビールの半分以下なので、体型維持にも健康にも良い。辛いものを食べて汗をかいて、ハイボールを飲んで痩せる。そんなキャンプどうだろう?

ALCOHOL 04

日本酒
（ひやおろし）

主に米と米麹と水を原料に発酵させて作る日本独自のお酒。
冬から新春にかけてしぼられた清酒を貯蔵熟成して、
秋になり外気温と貯蔵タンク内の温度が同じになるころ、
熟成して旨みたっぷりになったお酒を瓶に詰めたものを「ひやおろし」という。
昔から「もっともおいしい日本酒」とも言われており、
秋にしか飲めない希少なお酒。

キノコは数種類を混ぜ合わせて使うべし。風味も味わいも増しておいしい。

アルミホイルにはまずタマネギを敷いておけば、焦げつきを防止できる。

秋鮭とキノコのちゃんちゃん焼き

材料（4人分）
鮭　切り身3切れ
タマネギ　1コ
キノコ（エリンギ、エノキ、マイタケ、シメジ）　適量
塩・コショウ
○味噌　大さじ3
○酒　大さじ3
○砂糖　大さじ1
○みりん　大さじ1
アルミホイル　適量

作り方
【事前の準備】
❶ ○の調味料をすべて合わせておく。自宅でやってから持っていくといい。
❷ タマネギは繊維に沿って5～10mm程度にスライス、キノコは食べやすい大きさにカットしておく。キノコは地元で売っている山のキノコだと、よりおいしい。
❸ スキレットにアルミホイルを敷いてタマネギ、味噌ダレ、キノコ、味噌ダレ、鮭、味噌ダレの順に盛る。味噌ダレは味が濃いので少量を薄く塗る感じでOK。最後にアルミホイルをかぶせて四方を固くねじって閉じる。
❹ スキレットにフタをして、弱火で15分ほど蒸し焼きにすれば完成。

MENU 新米で作る秋刀魚のまぜごはん

材料（4人分）
米　　　　3合
しょうが　1かけ
白だし　大さじ3
水　600cc弱
秋刀魚　2尾
シソ　3枚ほど
みょうが　2コ
ごま　適量
塩

作り方

❶ しょうが、シソ、みょうがは刻んでおく。米は研いで30分ほど水に浸しておく。
❷ 研いだ米に白だしと刻んだしょうがを入れ、水を入れて米を炊く。
❸ 米を炊いている間に秋刀魚に塩をして焼き始める。焼けたら骨に注意して身をほぐす。
❹ 米が炊き上がったら、ほぐした身とシソ、みょうが、ごまを加えて完成です。
❺ 食べる直前にお好みでカボスやレモンを搾ると、もっとおいしいです。

ダッチオーブンで米を炊き、秋刀魚のほぐし身とシソやみょうがを混ぜ合わせる。

スキレットで焼けば、秋刀魚の表面がパリッとし、身はふんわりと焼き上がる。

RECOMMEND

＼アウトドアで日本酒を飲むための3つのこだわり／

木の酒器で飲む

升など木の酒器で飲むと酒に木の匂いも混ざり独自の香りが立ち上がる。漆塗りなら軽量で丈夫だしアウトドアにもおすすめ。

カクテルで飲む

日本酒をベースにしたカクテルもかなりあります。ソルティードッグのようにグラスのふちに塩をつけてレモン果汁と日本酒を割るカクテルは日本酒が苦手な人にもおすすめ。カクテルだけど甘くないのでオトナ向け。

道具にこだわる

日本酒をアウトドアで飲むための徳利&お猪口などが発売されている。雰囲気、質感、密封性などどれをとっても一級品。日本酒を飲むのに最適な、スノーピークの酒筒Titanium（右）、お猪口Titanium（左）。

秋に楽しむ「ひやおろし」各地の日本酒を楽しむ旅へ

日本酒がおいしい時期といえば、秋。暑さがなくなり、おいしい食材も増えて、蚊などの嫌な虫も減る季節なので、キャンプやBBQなどアウトドアで過ごしやすいのもこの時期だ。「食欲の秋」と言われるほど、日本国内でおいしいものがたくさん出回る季節でもある。お酒も同じで、日本酒は秋が一番おいしい季節と言える。

冬から春にしぼられて、一度火入れしてから貯蔵庫で夏の間熟成をさせて、外気温とタンクの中身が同じ温度になる秋にそのまま火入れをせずに出荷されるのが、「ひやおろし」と呼ばれる、この時期にだけ出回る日本酒。

日本酒は原料の米の削り量や作り方で「純米」「吟醸」「本醸造」など特定名称と呼ばれるランク付けが国によって定められているが、「ひやおろし」と書いてお酒を選ぼう。

最近は例外もあるが、ひやおろしと瓶に書いてあれば、ほとんどは純米酒であるはず。トロリとしたまろやかな口当たりと芳醇な香りが、たまらなくおいしい。

日本人は、お花見やお月見など「外で酒を飲む」ことが大好き。秋だけのひやおろしと、旬食材を使った料理で秋の夜長を堪能するなんて、最高のキャンプシチュエーションだ。しかも、おいしいお酒は日本各地にあるから、旅をしながらその土地で旬の食材と日本酒を見つける。秋はそんなキャンプを楽しみたい。

ALCOHOL
05

ブランデー

果実酒を蒸留して作るお酒の総称だが、
主にワインを蒸留して木樽で熟成したお酒を指す。
リンゴを原料とするカルバドスや
同じブドウを原料としていても少しだけ製法が違う
マールやグラッパなども
大きく言えばブランデーの一種である。

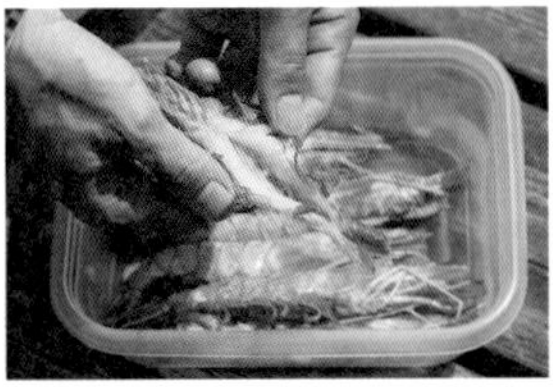

エビは腹側から包丁を入れてワタを取る。家で済ませておけば当日ラク。

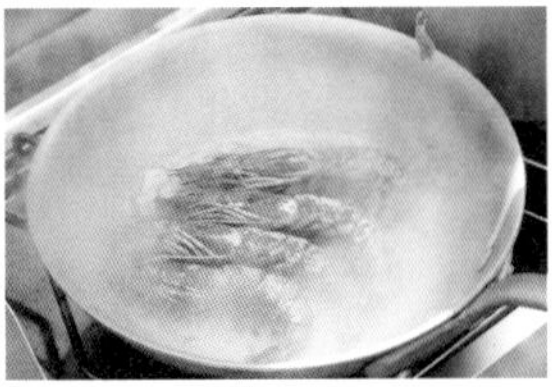

エビに少し火が入ったらブランデーでフランベ！　炎に気を付けて！

有頭エビのトマトクリームパスタ

材料（4人前）
パスタ　400g
ニンニク　1かけ
有頭エビ　4尾
トマトソース　2カップ
生クリーム　90cc程度
ブランデー　45cc程度
白ワイン　45cc程度
塩コショウ　少々
オリーブオイル　適量

☆タマネギ　1コ
☆ホールトマト缶　2缶
☆ニンニク　1かけ
☆オリーブオイル　少々

作り方
自宅で☆の材料を使って、トマトソースを作っておく。ダッチオーブンにオリーブオイルとみじん切りにしたニンニクを入れて香りが出るまで炒めて、薄くスライスしたタマネギを投入。透明感が出たらホールトマト缶を加えて2時間ほど煮込む。

❶ フライパンでパスタソース作り。オリーブオイルとスライスしたニンニクを入れて中火で香りが出るまで火にかける。
❷ エビを投入して両面を香ばしく焼く。少し火が入ったらブランデーを一気に注いでフランベ。さらに白ワインと自宅で仕込んだトマトソース、生クリームを加えて煮込む。
❸ 少し塩辛いくらいのお湯でパスタを袋にある表記に従って茹でる。ースを温めて塩コショウで味を調える。
❹ エビを一度外してソースとパスタを絡める。皿に盛ったらできあがり。

MENU フルーツブランデーケーキ

材料（4人分）

【ケーキ型（16cmの紙型）】

卵　1コ

砂糖　50g

バター　50g

薄力粉　50g

ベイキングパウダー　1g

お好きなドライフルーツ 好きなだけ

ブランデー　適量

作り方

❶ ドライフルーツは前日からブランデーに漬け込んでおく。

❷ ボウルに卵を割り入れて砂糖を入れてホイッパーでよくかき混ぜる。

❸ バター入れてかき混ぜて、薄力粉とベイキングパウダーを入れてかき混ぜて、ドライフルーツを入れてかき混ぜてを繰り返す。

❹ 型に入れて予熱しておいたダッチオーブンにロストルを敷いてフタをして焼く。

❺ 下火は弱く、上火を中火ぐらいで20分程度焼いて、串を刺して生地がついてこなかったら焼き上がり。ケーキの上にブランデーを適量振りかけて冷めるまで待ってから食べる。

ダッチオーブンの火加減は上火を多めで！　炭を載せて加熱する。

ドライフルーツは事前にブランデーに漬け込んでおこう。

RECOMMEND

\ アウトドアでブランデーをおいしく飲むための道具 /

軽くて割れない、ブランデーグラス

割れずに持ち運びしやすいBPAフリーコポリエステル製のGSI ハイランド ドリンキンググラスが便利！

高級感のある、スズ製ブランデーグラス

大阪錫器という会社のスズ製ブランデーグラスは、高級感があって丈夫な造り。ブランデー好きはぜひ。

アウトドアではティーロワイヤルがおすすめ

紅茶に少しだけブランデーを注ぐだけで、ブランデーの香りと甘みが紅茶と相まって口に広がるおいしいホットカクテルに。　カラダポカポカで寒い時期には最高だ。ちなみにアルコールに弱い方には、ブランデーをしみこませた砂糖をスプーンの上で火を付けてアルコールを飛ばす、「ティーロワイヤル」がおすすめ！

持ち運びにはスキットルを

お酒の持ち運びになスキットル。ブランデーでも問題なし。GSI グレイシャー ステンレスフラスコ8oz。

秋の優雅な空間には
ブランデーグラスがよく似合う

　秋と言えば食欲の秋。おいしいものがたくさん出回るので、どうせなら食事もキャンプのシチュエーションも豪華に楽しみたいもの。いつもよりも食べることと飲むことに時間と労力をかける、というぜいたくをするにはいい季節。秋は時間をゆったりと使ってコース料理のような食事と、のんびりとしたお酒を楽しんでみよう。

　そこでアウトドアにも食後酒としてブランデーを飲むスタイルを提案！

　主にコース料理の最後にデザートのようにして飲まれるのがブランデー。外に持っていくなんてあまり聞かないが、その昔、遭難救助犬が首にぶら下げていた樽に入っていたお酒も同じくブランデー。フランスでは〝eau-de-vie（オー・ド・ヴィー）〟と呼んで「命の水」っていう意味だという。

　ハイスタイルなテーブルにクロスをかけて、サラダやハムなんかの前菜を一皿ずつ盛り付けて、パスタもメインもゴージャスに、ワインのグラスもこだわっちゃって、さらには最後にデザート&食後酒。……どうせなら料理にも、ブランデーを使いたい。香り付けに使えば、特別な味わいになる。

　今回紹介するのは「有頭エビのトマトクリームパスタ」と「フルーツブランデーケーキ」。有頭エビの代わりには、オマールエビやワタリガニでもOK。そこまで面倒な料理じゃないけど、ゴージャスなパスタになる。ブランデーケーキは冷めてからの方がおいしいので調理開始時に作ってしまうのがおすすめだ。

ALCOHOL

06

ウイスキー

麦やトウモロコシなどの穀類を原料に糖化、
発酵させて蒸留したものを木樽で熟成させて作るお酒。
麦芽を原料にしたものはモルトウイスキー、
穀物を原料にしたものはグレーンウイスキーなど、
原料によって種類が分かれ、それぞれ異なる魅力がある。

MENU 手作りビーフジャーキー

ジップ付きビニール袋に漬け込んで持っていこう。

焚き火の周りに吊して煙と熱でじっくりと乾かそう。

材料（4人分）

牛モモ肉　500g
〇バーボン　大さじ3
〇しょうゆ　大さじ2
〇はちみつ　大さじ1
〇すりおろしニンニク
（チューブでも）　小さじ1
〇塩　大さじ1
〇鷹の爪　2本
〇水　大さじ2

作り方

❶ 〇印の調味料をすべて合わせてジップ付きビニール袋に入れておく。
❷ 牛モモ肉の塊を5mm以下くらいに薄く削いで1の袋につけ込む。
❸ 一晩つけて、当日キッチンペーパーで水分をできるだけ取ってから焚き火周りに吊して乾かす。
❹ 触ってみてカサカサしてきたら食べごろ。乾かす時間で食感も変わるので焚き火を囲みながらのんびり作ってのんびり食べよう。

お肉が焼けてきたらバーボンを投入してフランベ！

指でお肉を押すと意外なほど焼き加減がわかる。

バーボンステーキ

材料（4人分）

牛ステーキ肉　300g
牛脂　適量
ニンニク　1かけ
塩・コショウ　適量
バーボン　大さじ3
バター　大さじ1
しょうゆ　大さじ1
粒マスタード　大さじ1

作り方

❶ 牛ステーキ肉を冷蔵庫から取り出して常温にしておく。ニンニクは皮を剥いてスライスしておく。
❷ お肉に塩・コショウをする。フライパンに牛脂（もしくは肉の脂身だけ）とニンニクを入れ、中火で熱して香りを出す。
❸ ニンニクが揚がってきたら焦げないうちに一度取り出し、お肉を投入。側面が焼けてきたらひっくり返して30秒加熱。指で押して肉の弾力で焼き加減を判断する。強火にしてバーボンを投入。フライパンを傾けてフランベ（火をつける）。
❹ 肉を一度取り出して少し寝かせる。その間にバター、しょうゆ、粒マスタードを入れてソースを作る。寝かせているお肉から肉汁が出てきたらソースに加える。
❺ お皿にお肉を盛ってソースをかけて、揚げニンニクをトッピングしたらできあがり！

RECOMMEND

＼アウトドアでウイスキーをおいしく飲むための道具／

寒い冬の焚き火のお供にはコレ！ コーヒー in ウイスキー

ホットコーヒーに少しばかりウイスキーを入れてみよう。ウイスキーのほのかな甘味とフレーバーが寒い時期にぴったり。さらに砂糖とホイップ生クリームを足せばアイリッシュコーヒーというカクテルになる。

ケース付きなら持ち運びも安心

ブランドカラーのおしゃれなケースに入り持ち運びにも便利な、STANLEYのアドベンチャーショットグラスセット。

インテリアにもなるショットグラス

NY発のライフスタイルブランドIZOLAのショットグラス。かわいいルックスながら、ステンレス製で丈夫。

大人の雰囲気を演出するスズ製グラス

大阪浪華錫器のトップメーカー、大阪錫器のウイスキーコップ。上品なデザインで、ドリンクを格上げしてくれる。

焚き火を眺めながら ゆっくりと楽しみたいウイスキー

焚き火が一番楽しい季節は、やっぱり秋から冬にかけて。そして、焚き火に合うお酒といえば、なんといってもウイスキー。西部劇の映画などでカウボーイたちが焚き火を囲んでウイスキーを飲むシーンに憧れた人も多いはず。

　ウイスキーと一言にいっても、産地によってスコッチ、アイリッシュ、アメリカン、カナディアン、ジャパニーズの5大ウイスキーがあり、さらに細かな分類も。それぞれに特徴を持っていて奥深い。飲みなれなと敬遠しがちかもしれないが、同じようにさまざまな分類や種類があるワインと比べると、ウイスキーのほうがわかりやすいので、ハマるとおもしろい。

　西部劇ではウイスキーといっても主にバーボン（アメリカンウイスキー）が主役。当然、現代よりも雑な造りだったが、当時は氷もないのでよく１００％ストレートで飲まれていたようだ。このストレートという飲み方、お酒の味が一番わかる。でも、ストレートはちょっとキツいという場合は、氷を足さずにウイスキーと同じ量の水を加える「トワイスアップ」という飲み方がおすすめ。驚くほど飲みやすくなる。

　でも、焚き火を前にしたら飲みたくなるのはストレートのウイスキー。ワイルドな肉料理は焚き火の前の宴をさらに豊かな時間に変えてくれる。分厚いステーキ肉や吊したビーフジャーキーをかじりながら、焚き火を囲んで酒を飲むと、キャンプ場にいながら西部時代の荒野のような雰囲気を味わうことができる。

ALCOHOL 07

ホットカクテル

温度が比較的高いカクテルの総称。
カクテルの分類の一つ。
冬のキャンプ場では
温かいお茶やコーヒーでも体が温まるが、
せっかくならホットカクテルでより温まりたい。
自分好みのアレンジを見つけるのも楽しい。

炭をフタの上に乗せて上火を強めに。

一次発酵は暖かいところで。指で押して戻らなくなったらOK。

クルミとイチジクぎっしりの手作りパン

材料（4人前）

○強力粉　150g
○全粒粉　100g
○ドライイースト　5g
○砂糖　20g
○塩　3g
ぬるま湯　190cc
ナッツ　50g程度
ドライイチジク　50g程度

作り方

❶ ナッツは軽く砕いて、イチジクは程よいサイズに切っておく。
❷ ボウルに○を全部入れてこねる。水は少し残して調整しながら入れる。固すぎず柔らかすぎない程度になったらラップをかけて暖かい場所に30分置く。膨らんだら潰すように捏ねてガスを抜く。
❸ ガス抜きしたらナッツとイチジクを入れて捏ねる。さらに30分寝かし、指で押しても戻らなくなったらOK。
❹ 生地を適度な大きさにまとめたら、ダッチオーブンにロストルを敷いてオーブンペーパーかアルミホイルを敷いてその上に並べる。
❺ 上火を強めにして15～20分程度焼いたらできあがり！　焦げないように途中で開けて確認しよう。

ホワイトソース仕立てのロールキャベツ

材料（4人前）
豚ひき肉　300g
キャベツ　1/2コ
タマネギ　1コ
セロリ　1本
ニンジン　1/2本
シメジ　1パック
小麦粉　大さじ2
牛乳　500cc程度
コンソメ　キューブ2コ
塩　小さじ1
塩コショウ

作り方

❶ 少し大きい鍋にお湯を沸かす。キャベツの芯をくり抜きフォークを刺したら、グルグル回しながらお湯につけてキャベツをしんなりさせて、一枚ずつ丁寧に剥く。
❷ ニンジン、セロリ、タマネギ1/2を細かく刻んでバターで炒め、冷ます。
❸ ボウルにひき肉と塩を入れて粘りが出るまでこねる。粘りが出てから❷、ナツメグ、コショウを入れて混ぜ合わせる。
❹ キャベツの芯付近の小さな葉とシメジ、タマネギの残り1/2を薄くスライスしてバターで炒める。しんなりしてきたら小麦粉を入れてかき混ぜ、牛乳とコンソメを入れてさらにかき混ぜる。しばらく弱火で煮込もう。
❺ ❸をおいなりさんくらいのサイズに丸めてキャベツで包む（芯の部分は削ぐように落とす）。
❻ ❺を鍋に並べて10分煮込んで塩コショウで味を調えたら完成。

中心にフォークを刺してしんなりさせて剥いていこう。

お肉は粘度が出るまで手早くこねよう。

RECOMMEND

\ A-sukeおすすめホットカクテルレシピ /

簡単でおいしいホットカクテル3種をご紹介！

ホットバタード・ラム

・ダークラム　30cc
・バター　少々
・氷砂糖（普通の砂糖でも可）少々
・お湯　適量

イギリスで古くから飲まれてきた定番ホットカクテル。お湯を牛乳に変えるとホットバタード・ラム・カウというカクテルになる。こちらもおすすめ。

ホットカルーアミルク・ビター

カルーア　30cc
牛乳　適量
インスタントコーヒー　少々

甘くて苦くてあったかいお酒。インスタントコーヒーの量で苦さを調節できるので意外と男性にもおすすめしたい。

ホットジン・スリング

ジン　30cc
レモンスライス　1, 2枚
砂糖　少々
お湯　適量

レモンとジンの香りが基本ですから比較的男らしいホットカクテル。砂糖の量はお好みで調節しよう。

自分好みのドリンクレシピで冬のアウトドアをもっと楽しむ

近年、寒くなる冬の時期もアウトドアを楽しむキャンパーが増加中。冬のアクティビティといえば、スノーシューでのハイキングやワカサギの穴釣り、バックカントリーでのスノーボードやスキーなどなど。外遊びは冬も盛りだくさんだ。

そんな寒い冬のキャンプやアクティビティに欠かせないのは、やっぱり温かいドリンク。体を動かしている日中はコーヒーや紅茶もいいけど、キャンプ場に戻ったあとは、アルコールの入ったホットカクテルを飲めば体を芯まであたたかくなるのでおすすめ。

ホットカクテルの作り方は、大きくふたつのパターンに分かれる。ひとつは、コーヒーや紅茶などのお茶をメインとして、そこにアルコールを注ぐ「お茶ベース」。もうひとつは、リキュールやウイスキーなどのアルコールをメインにして、それをお湯や温かい牛乳などで割る「お酒ベース」。この考え方を知っておけば、オリジナルのカクテルを作り出すことがとても簡単になるはず。

さらに、砂糖やハチミツを加えることで甘味を強くしたり、シナモンやクローブで香りを加えたりすればもっと本格的な味わいに。童心に帰って気軽に組み合わせを作って楽しんでみれば新たな発見があるだろう。

ただ、グロッキーの語源になっている「グロッグ」というホットカクテルもあるぐらいなので、いくら飲みやすくても、飲みすぎないように注意しよう！

ALCOHOL 08

マッコリ＆ソジュ

どちらも韓国を代表するお酒。
マッコリは米を主原料とする醸造酒で、
麦やイモを原料に使うこともある。
日本のどぶろくに似ている。
ソジュはいわゆる「韓国焼酎」。
朝鮮半島で古来より造られている伝統的な蒸留酒。

カキと豆腐のキムチチゲ

材料（4人前）

カキ　1パック
ハマグリ　1パック
豆腐　1パック
キムチ　1パック
白菜　1/4株
長ネギ　1本
モヤシ　1袋
ニラ　1袋
○水　2カップ
○お酒　1カップ
○コチュジャン　大さじ2
○しょうゆ　大さじ1
○鶏ガラスープの素　大さじ1
○ゴマ油　大さじ1
○ニンニク　2かけ
○ショウガ　1/2かけ
○すりごま　大さじ2

作り方

❶ まずは自宅で○の材料を全部合わせて鍋のスープを作る。容器に入れて当日持ってく（軽量化のために水は現場で調達もOK）。

❷ ダッチオーブンにスープを入れて、一口大に切った野菜と豆腐とキムチを入れてひと煮立ちさせる。野菜に少し火が通ったらカキ、ハマグリを入れてハマグリが口を開けたら食べごろ。貝は火が通りすぎると固くなるから早めに食べたい。

❸ 食べ終わったらごはんを入れて雑炊にするのも、うどんを入れるのもアリ。

現場でスープの材料を合わせるのは大変。事前に作ってペットボトルなどで持っていこう。

登山などの場合には、小さくて軽い市販の鍋の素を使うのもあり。自分の荷物次第で調整しよう。

手羽先と手羽元で作る
サムゲタン風雑炊

材料（4人前）

手羽先　4本
手羽元　4本
ショウガ　1かけ
ニンニク　2かけ
ネギ　1本
大根　少し
ニンジン　少し
鶏ガラスープの素　大さじ1
パックごはん　1パック

塩コショウ　少々
ゴマ油　少々

作り方

1. 手羽先と手羽元は水できれいに洗う。手羽元は骨に沿って開く。
2. ネギは斜めに切る。ショウガとニンニクは薄くスライス、大根とニンジンも薄く切っておく（ここまでは自宅で仕込んでおくのもアリ）。
3. ダッチオーブンに水を張って、ショウガ、ニンニク、手羽先、手羽元を入れて鶏ガラスープの素と塩コショウを振ってひと煮立ちさせる。
4. 少しアクを取ったら野菜を投入。20分程度煮たらパックごはんを入れてほぐしてさらに5分。ゴマ油少々を回し入れ、塩コショウで味を調えたら完成。

手羽元は骨に沿って開くように包丁を入れよう。

クッカーなどでごはんを炊くのもいいけれど、パックごはんだと雑炊に使いやすい！

RECOMMEND

＼アウトドアでマッコリをおいしく飲むための道具／

ホットにも使えるマッコリカップ

シェラカップが丸くなったようなフォルムがかわいい、アルマイト手付きマッコリカップ11cm。直接火にかけてもOK。

やかんで注げば雰囲気◎

本場のようにやかんから注ぐのも楽しい。パックアウェイケトル0.6ℓは最後まで傾けてもフタが外れない。

二層構造でアイスもホットも飲み頃

ウェーブダブルマグSUSは中空二層構造のため、ホットでもアイスでも飲み物の温度をキープしてくれる優れもの。

A-suke流 アウトドアでの飲み方 ホットマッコリ

マッコリをホットで飲むのもおすすめ。そのまま温めるだけでももちろんおいしいが、すりおろしたしょうがを入れたり、唐辛子を浮かべたりするとさらに体が温まるホットマッコリになる。お試しあれ!!

ほんのり甘い韓国のお酒は ぴり辛韓国鍋との相性抜群

冬キャンプの外あそびとしておすすめしたいのが、本格的な冬山登山まではいかない、低山雪山ハイク。スノーシューを履いて人が少ない山に行き、仲間たちだけで自然を満喫できるのは、この季節だけの楽しみ方だ。

そんなとき、山頂で食べたいのが鍋料理。体の芯から温まる韓国系の鍋レシピを2種類、紹介する。

料理に合わせるお酒は、韓国酒のマッコリとソジュ。韓国料理には韓国のお酒が最適だ。マッコリは米を原料とした醸造酒で、アルコール度数は5％前後。韓国では大衆のお酒として親しまれ、乳酸発酵由来ならではの独特の酸味と甘みがあり、微炭酸がクセになる味わい。韓流ブームに乗って日本でも流行したマッコリだが、新鮮なうちに消費されなければならないため、日本と韓国以外ではあまり広がっていないとのこと。そんなマッコリは冬山で飲むならホットがおすすめ。甘酒のような味わいがおいしい。

一方ソジュは、同じく米が主原料であるものの、蒸留酒。昔は高級なお酒だったとか。アルコール度数は20～40％と少し高めで、日本の焼酎に似た味だが、砂糖や香料を入れるので甘みが強い。韓国では最もポピュラーなお酒のひとつだが、焼酎と違って、氷を入れたりせずにストレートで飲むのが一般的だ。

マッコリもソジュも少し甘めのお酒なので、辛い料理ととても相性がいい。ショウガとニンニクが入った少しスパイシーなサムゲタンには、とくにソジュがとても合う。ついつい飲みすぎてしまいそうな、冬にぴったりな組み合わせだ。

Chapter 4

ハーブ&スパイスと料理

味に変化やアクセントを加えるだけでなく
食欲増進や滋養強壮の効果もある、ハーブとスパイス。
キャンプ料理と組み合わせれば、
より深みのあるおいしさに。
スパイスを上手に効かせたレシピで
本格的な味わいを生み出そう。

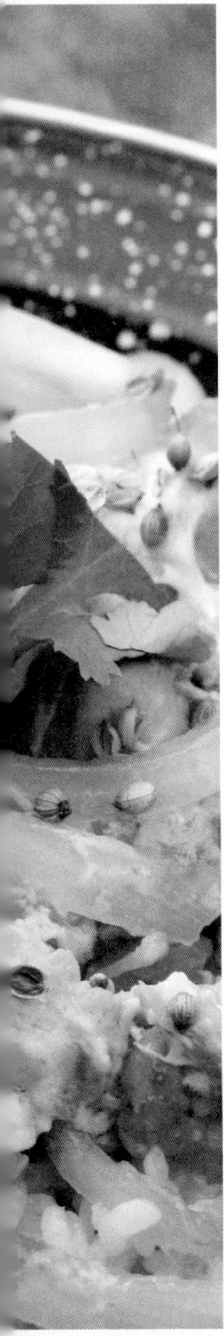

HERB & SPICE
01

ローズマリー

古来、ヨーロッパでは特別な力のある植物として使われてきた。
もっとも使いやすいハーブの一つで、
清涼感ある香りがお肉とバツグンの相性を誇る。
お肉のほかにパンやジャガイモとも相性がいい。
植物として強くガーデニングで栽培も簡単。

MENU

いろいろお肉のローストとローズマリートースト

肉はクーラーボックスから出して常温に戻す。この作業をやるだけでおいしく焼ける。

ローズマリーオイルは家で混ぜてきてもいい。現場でかけて焼くだけになるので、より手軽だ。

「いろいろお肉のロースト」

材料（4人分）

ラム　4本
豚ロース　2枚
牛肩ロース　2枚
鶏モモ　2枚
ローズマリー　数本
塩・コショウ

作り方

1. それぞれの肉を30分ほどかけて常温に戻す。
2. 焼く直前に塩・コショウを振ってフレッシュローズマリーを敷いた上に肉を載せて、中火でじっくりと火が通りすぎない程度に両面焼く（網焼きでも鉄板でもフライパンでも同じ）。鶏肉はできればフライパンがベスト。皮目を下にしてじっくり焼けばパリパリの皮がおいしい。
3. 火が通ったら完成。焼いたローズマリーは香りづけだけなので食べないで捨ようにしよう。

「ローズマリートースト」

材料（4人分）

バゲット　適量
バター　大さじ3
オリーブオイル　大さじ1
ニンニク　2かけ
ローズマリー　1本

作り方

1. ローズマリーを刻んですりおろしたニンニクとオリーブオイル、バターと合わせて混ぜる。
2. カットしたパンに①を塗ってトーストするだけで、できあがり。

ハーブが薫るジャーマンポテト

材料（4人分）
ジャガイモ　3個
ベーコン　5枚
タマネギ　1/2個
ニンニク　1かけ
ローズマリー　2本
オリーブオイル　適量
塩・コショウ　適量

作り方

① 水から火にかけてジャガイモを茹でる。15 ～ 20分ほど茹でて串がスッと通るようになったらOK。皮は剥いても剥かなくてもお好みで。

② ニンニクとローズマリーは刻む。タマネギは櫛形切りに、ベーコンは食べやすい大きさにカットしておく。

③ フライパンor鍋にオリーブオイル、ニンニク、タマネギ、ベーコンを入れて炒める。タマネギが少し透き通ってきたら①と刻んだローズマリーを入れてかき混ぜて塩・コショウで味を調えたらできあがり。

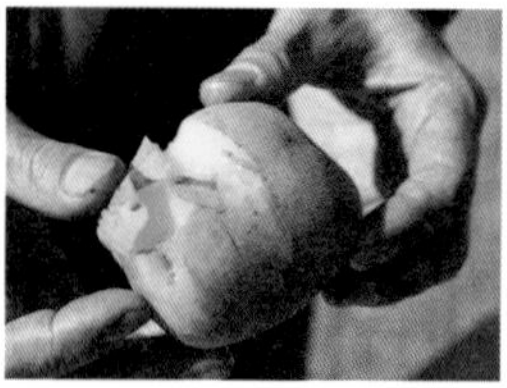

ジャガイモはゆでる前にぐるっと一周包丁を入れておこう。茹であがるとスルッと簡単に皮が剥ける。

ローズマリーは葉だけ刻もう。上から下に向かってしごくと葉だけきれいに取れる。

PICK UP

キャンプ料理がうまくなるギア

キャンプホリックナイフ

ハマグリ刃といわれる作り方なので、薪を割っても刃先のダメージが少なく切れ味が落ちにくい。

A-sukeさんがでプロデュースしたナイフ。「調理」と「薪割り」を1本で楽しむというまさにキャンプのためのナイフ。ナイフ1本でなんでもできるキャンパーになるために持っておきたい。

アウトドア料理の世界が広がる ちょっとしたハーブの使い方

ラテン語で「海のしずく」という意味で、地中海沿岸の崖に多く生えていることから、この名がつけられたというローズマリー。ハーブのなかでもポピュラーな比較的存在で、ヨーロッパでは古来から悪魔を追い払う力があるとされ、祝宴や葬儀などに用いられてきた。香りが非常に強く、生のフレッシュなものだけでなく乾燥させたものも香辛料としてよく使われている。

その香りには精神安定や集中力、記憶力の向上に効果があるといわれていて、日常生活でのストレスを忘れて自然の中でリラックスして楽しみたいキャンプの場面にはぴったりのハーブと言える。

このローズマリー、使い方さえ間違えなければ、非常に万能で使いやすいハーブだ。まず、肉は牛、豚、鶏、羊など、種類を選ばずなんにでも合う。使い方のコツはたった一つで、使いすぎないこと。それだけ気を付ければ、肉に爽やかな風味が加わっておいしさが増す。フレッシュなら一緒に焼いて香りづけるだけ、乾燥ローズマリーなら少量を肉に揉みこんで使おう。BBQの場合は、肉の下に入れて焼くだけで香りが移っておいしさがグレードアップするのでぜひ試してみよう。

肉のほかにもハーブティーやクッキーにも使われることもあり、汎用性が高いのも魅力。中でもパンやジャガイモとの相性がいい。フレッシュローズマリーを細かく刻んでサッと混ぜるだけで、いつもとはひと味違う料理になる。

さらに植物としても育てやすく繁殖力が強いので、比較的手軽に自分で育てることができる。料理で使うときにサッと刈り取ってすぐ使うなんてことが、マンションのベランダでも十分可能。キャンパーとしては憧れちゃいますよね。スーパーや園芸店などで手軽に手に入るので、使ってみよう。

HERB & SPICE 02

オレガノ

ハーブのなかでも普段から使うことが多いオレガノ。
風味豊かで野性的な香りを持ち、
主に乾燥させたものを使用する。
お肉全般とは相性がいいが、
その他にもトマトやチーズとの相性が抜群だ。

仕込んだタネはスプーンを使って丸めると手が汚れない。アウトドアではいかに手間を減らすかがポイント。

キャンプ場でタネから作る場合は、挽き肉を冷凍しておけば保冷材の代わりになるし、傷みにくい。

オレガノ薫るミートボールのトマトソース煮込み

材料（4人分）

合挽き肉　300g
塩　小さじ1
○タマネギ　1/4個
○パン粉　1つかみ
○卵　1個
○ナツメグ　少々
○コショウ　少々

キャベツ　1/4個
タマネギ　1/2個
オレガノ　少々
トマトカット缶　1缶
コンソメキューブ　1個
粉チーズ　適量

作り方

❶ 合挽き肉と塩をボウルに入れて、こねて粘りを出す。
❷ ○の材料を全部加えて混ぜたらタネが完成。
一緒に煮込む用に、キャベツは食べやすい大きさ、タマネギは薄くスライスする。ここまでは事前に自宅で行い、密閉容器に入れて持っていくとキャンプ場でラク。
❸ 鍋底に軽く油を引いたら❷のタネを丸めて入れて、中火で表面を焼いていく。
❹ 表面の色が変わったら❷のキャベツ、タマネギと、トマト、コンソメキューブ、オレガノを入れる。フツフツしてきたら弱火にして15 ～ 20分煮込み、塩・コショウで味を調えたら皿に盛って粉チーズをかけて完成。

ボンゴレロッソパスタ

材料（4人分）
パスタ　400g
ニンニク　1片
アサリ　500g
白ワイン　100cc
黒オリーブ　20粒
トマトカット缶　1缶
オレガノ　少々
塩・コショウ　少々

作り方
❶ あらかじめアサリの砂抜きをしておく。
❷ パスタを茹でる用に鍋でお湯を沸かし、味見しながら塩を入れる。
❸ フライパンにニンニクとオリーブオイルを入れて弱火で香りを出し、アサリを投入。すぐに白ワインを入れてフタをする。
❹ アサリの口が開いたら、一度別の容器に移す。フライパンに黒オリーブとトマトを入れて弱火で煮詰める。
❺ パスタを❷の鍋に投入。袋に記されている時間を目安に茹でる。
❻ パスタが茹で上がる1分前に④のアサリを戻して温め、オレガノと塩・コショウで味を調える。煮詰まりすぎたらパスタの茹で汁で調整。塩分が多くならないように気をつける。
❼ 茹で上がったパスタをソースに絡めて皿に盛ったら完成。

アサリは火を入れすぎると硬くなる。
口を開いたら少しの間外しておこう。

茹で汁の塩は海水が目安。海水程度
に塩辛いくらいでちょうどいい。

PICK UP

キャンプ料理がうまくなるギア

高さはあるがフラットなゴトクのおかげで鍋とフライパンを同時においてもビクともしない、無敵の安心感だ。

プリムス／オンジャ

プリムスのキャンプ用品シリーズのツーバーナー。スタイリッシュでかっこいい。しっかりしたゴトクで安定性が高い。

常温で持ち運びが可能なうえ、語源もアウトドアにぴったり!?

オレガノは、トマト料理に良く使われるハーブ。名前くらい聞いたことあるというって人も多いのでは？

実際に匂いを嗅いでみると「どこかで嗅いだことがあるような香り」だと思うはず。市販のピザソースやドレッシングなど、日常的に食べる機会の多い料理に使われている、実は身近なハーブだ。

このオレガノは、ローマ時代から「料理をおいしくするスパイス」として知られていて、地中海沿岸にある国々の料理によく使われている。肉料理全般と相性が良く、とくにトマトとチーズとは相性がいい。なんといっても、ピザには欠かせないハーブで、トマトで煮込む料理のときにもぜひ使ってみてほしい。

オレガノはシソ科のハーブの中でもとても香りが強いので、あまり入れすぎずに少しだけ使うことがおいしく仕上げるコツ。基本的には料理が仕上がる少し前に入れるので、味を確認しながら足りないと感じた場合に少しずつ足せばいい。

紹介する2点のメニューは、どちらのレシピも料理が完成する直前にオレガノを少し入れるだけだが、それだけでできあがりの味がプロっぽくなり全然違う。でも、使いすぎるといつも同じ味になってしまうので注意しよう。

効能としては胃腸を整える作用があるといわれているので、ついつい食べすぎてしまいがちなキャンプにはちょうどいい。そのほかにも疲労回復や鎮静作用もあるとされているし、殺菌効果もあるらしい。また、オレガノは乾燥したものを使うことがほとんどで、生のモノよりも香りが強くなる。常温で持ち運べるというのも、キャンプや登山などでも使いやすく魅力的な食材だ。

オレガノという名前はギリシャ語のオロス・ガノスが由来となっていて、その意味は「山の喜び」。アウトドアクッキングに使ってみたくなる由来だ。

HERB & SPICE

03

セージ

昔から強い抗酸化作用、
抗菌作用があることで有名なハーブ。
ラテン語の「治療」「救う」などが語源と言われている。
ヨーロッパでは「庭にセージを植えれば死人が出ない」などのことわざがあるほど。
ソーセージの語源という説もあり、
豚肉と相性がいい。

セージ薫る豚肩ロースの白ワイン煮込み

材料（4人前）

豚肩ロース　600g
セージ　3～4本
タマネギ　2コ
キャベツ　1/4コ
ジャガイモ　2コ
白ワイン　2カップ
塩・コショウ　少々

作り方

❶ タマネギ・キャベツ・ジャガイモをそれぞれ食べやすい大きさにカットする。スライスしてもOK。
❷ ダッチオーブンの底に❶を敷き詰めて分厚くスライスした豚肩ロース肉を載せる。
❸ 肉を中心に塩・コショウをしてから、セージをまんべんなく置いて白ワインを回しかける。中火にかけて、沸騰したら弱火にしてコトコト30～40分煮込み、野菜がトロトロになったら完成。

野菜を敷き詰めてその上に肉を並べる。肉が焦げ付かず、野菜はトロトロに仕上がる。

30～40分じっくりのんびり火を入れるので焚き火で調理するのにちょうどいい。

あまり火力を強くするとバターが焦げやすいので、焦らず弱火で調理するのがポイント。

セージとバターはあらかじめ家で混ぜ合わせてきてもOK。作業がスムーズになる。

MENU

セージとバターと生ハムのペンネ

材料（2人前）

ペンネ　200g
生ハム　3～4枚
セージ　2～3本ぐらい
バター　20g程度
パルメザンチーズ　少々
塩・コショウ　少々

作り方

❶ 鍋に水を張って強火にかけて沸かす。沸いたら海水ぐらいの塩辛さを目安に、味見しながら塩を入れよう。
❷ フライパンにバターとセージを入れて弱火でバターを溶かす。
❸ ゆであがったペンネを❷に入れて、コショウを振って皿に盛ったらパルメザンチーズと生ハムをのせてできあがり。

PICK UP

キャンプ料理がうまくなるギア

プリムス／CFクックセットL

最近では珍しいステンレス製のアウトドア用鍋。汚れてもゴシゴシ金ダワシでこすれる　見た目も美しい。

ファミリーからペアまで使いやすいサイズだ。フタの合いが良く、フタの穴からはしっかり蒸気が逃げて使いやすい。フライパンも見た目以上に剛性がある。

5月に食べれば長生きできる？ 強い抗菌作用で知られるハーブ

セージは基本的にはフレッシュ（生）の状態で使うハーブだ。

いわゆるスパイスコーナーではあまり売っていないので、なじみのある人は少ないかもしれない。手に入れるなら、野菜売り場のコーナーでミントやバジルなどがある場所を探そう。ベルベットのように起毛した、とがった葉のハーブがあったらそれがセージ。なければ園芸店などでガーデンハーブとしても売っているので、それを使ってもOK。

セージは古代ギリシャの時代から長寿の薬草として知られていて、ヨーロッパでは「長生きしたい者は5月にセージを食べよ」とか「庭にセージを植えていると病気で死なない」ということわざや言い伝えがあるほど。実際に他のハーブと比べて、抗菌作用や抗酸化作用、強壮作用などのさまざまな効能が強いとされている。さらに香りには鎮静作用や集中力アップの効果も。

でも、効能が強すぎるのか妊婦さんや子どもが大量に摂取するのは控えたほうがいいとのこと。そこだけは気を付けよう。

セージは意識しなくても口に入れたことはあるはずで、なかでもソーセージには欠かせないハーブ。ソーセージの語源は諸説あるが、「ソー（雌豚）」と「セージ」という説もあるほど。

豚肉と相性がいいのは事実で、セージは香りが強いことから肉の臭み消しに活躍するほか、清涼感があるので肉の脂っぽさを抑えることもできる。乳製品とも相性がよく、クリームソースやバターソース、チーズなどに練り込むと風味が豊かになってとてもおいしい。

紹介したレシピは、セージの特徴を踏まえた使い方で、とても簡単。このレシピでセージの使い方を覚えてほしい。独特の香りがクセになるはず。

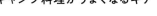

HERB & SPICE 04

コリアンダー

別名パクチー、シャンツァイ（香菜）とも呼ばれる。
アジアや中近東などではリーフ（生の葉）を薬味として使うが、
世界的にはシード（種子）もしくは
それをパウダーにしたものが使われることが多い。
数千年前から使われている世界最古のスパイスの一つ。

MENU

エビとパクチーの爆弾サラダ

材料（2人前）

エビ　1パック
パクチー　1束
春雨　1束
紫タマネギ　1/2コ
ニンジン　1/3本

○レモン　大さじ1
○ナンプラー　小さじ1
○コリアンダーシード　一つまみ
○サラダ油　大さじ1
○塩・コショウ　少々

作り方

❶ エビの殻をむいて背ワタを取って塩水でボイルする。熱&水気を取ってからジップ付きビニール袋に入れて冷蔵庫でスタンバイしよう。
❷ ニンジンを細かく千切りにしてパクチーはざっくりと切っておく。紫タマネギは薄めにスライスしておく。春雨は袋の指示通りに茹でて冷水で冷やしてから食べやすいサイズにカット。
❸ ボウルに❷と○の調味料を入れて混ぜ合わせる。エビをのせたら完成。

春雨はやや短めにカットしておいた方が食べやすい。

エビは自宅でゆでて持っていくとゴミが減って快適だ。

MENU コリアンダー親子丼

材料（2人前）

鶏モモ肉　1枚
タマネギ　1/2コ
卵　2コ
コリアンダーシード　10粒程度
コリアンダーパウダー　少々
パクチー（生のリーフ）　少々

○ナンプラー　大さじ1
○水　100cc
○しょうゆ　小さじ1

作り方

❶ まずは米を炊いておく。鶏モモ肉は一口大にカットしてコリアンダーパウダーを軽く振ってもみこむ。タマネギはくし形切りにしておく。

❷ 小鍋に○を合わせて沸騰させて、カットした鶏モモ肉を入れ火が通ったらタマネギを入れる。このタイミングで軽くつぶしたコリアンダーシードを入れる。

❸ 卵をボウルに割って軽くかき混ぜる。❷にまわしかけて、卵が半熟状になったらご飯の上にのせて、上に刻んだパクチーを散らして完成。

卵は白身を切る程度に、さっくりと軽く混ぜる。

コリアンダーシードは包丁の腹でつぶすと香りが立つ。

PICK UP

キャンプ料理がうまくなるギア

ポットも大容量で使いやすい。汚れたバイオライトのケースも兼ねてるのでマトリョーシカみたいで楽しい。

バイオライト／キャンプストーブ2セット

焚き火で発電できるバイオライト キャンプストーブ。発電量・充電残量・ファンの強さが一目で分かる。セットにはグリルやLEDライトがついて快適なBBQができる。

意外に日本料理にも合う!?
エスニック料理の定番スパイス

梅雨に入る前の湿度が高く暑い季節にぴったりなスパイスが「コリアンダー」。名前を聞いてもピンと来ないという人も、「パクチー」はなら聞いたことがあるのでは？　実はこの二つは同じ植物で、英語かタイ語かの違いだけ。ちなみに中国語では香菜（シャンツァイ）。そして日本語では……「コエンドロ」。これが一番知られてない呼び方だ。

歴史的にはとても古いスパイスで、紀元前3500年ごろのメソポタミア文明の時代にも記述があるとか。当時は薬草としての側面が強かったようだ。

コリアンダーは、部位によって使い方が変わってくるのが特徴。中でもリーフ（生の葉）はカメムシのにおいとも表現されるような個性的な香りで、好き嫌いが激しくわかれるほど。アジアや中近東地域の料理では、主にトッピングやソースなどに好んで使われている。日本料理ではあまり使わない食材なのでリーフは手に入りにくかったが、最近はエスニック料理が人気となったおかげで、スーパーなどでも手に入れやすくなった。

根の部分も強い香りがあるので、細かく刻んだものが香り付けとしてスープやカレーなどに使われている。シード（種子）はリーフほどの癖はなく、ほのかに柑橘系の香りを持ち甘みも感じられるもので、肉や卵、豆などによく合う。

ほかにもピクルスやマリネの香り付けにも使われたり、料理だけでなくハーブティーや焼き菓子に使われることも。クミンと並んでカレーにもよく使われるスパイスで、汎用性が高いのが特徴だ。

コリアンダーの効能は食欲促進や整腸作用などが中心で、けだるい気候や冷房が効いた室内で調子を崩しやすい夏の時期にぴったり。梅雨から夏の蒸し暑いシーズンにはぴったりのスパイスなので、ぜひ使ってみよう。

HERB & SPICE 05

クミン

カレーの香りの中心はこのスパイス。
最も歴史の古いスパイスの一つ。
インド、メキシコ、東南アジアなどでよく使われる。
パウダーでも使われるがホール（種子のまま）でも使い勝手がいい。
肉にも野菜にもよく合う最も使い勝手のいいスパイス。

クミン薫るモロッコサラダ

材料（2人分）

鶏ササミ肉　2本
トマト　2個
キュウリ　1本
紫タマネギ　1/2コ
アボカド　1コ
サラダ用豆　1パック
★クミン　大さじ1
★オリーブオイル　大さじ1
★ワインビネガー　小さじ2
★塩・コショウ　少々

作り方

① トマト、キュウリ、紫タマネギ、アボカドをそれぞれ2cm角程度の大きさに切る。
② 鶏ササミ肉を沸騰したお湯で10分ほどゆでる。冷めたら手で割きながら筋を取り除く。
③ ボウルに①の野菜と②の鶏ササミ肉、サラダ用豆を入れる。★の調味料を加えて混ぜ合わせたら完成。

アボカドは切れ目を入れてひっくり返すと手もまな板も汚れにくい。

鶏ササミ肉はゆでてから手でほぐすので、そのとき筋を外そう。

ラムと夏野菜の
クミン炒め

クミンははじめに弱火で熱して香りを出す。焦げやすいので注意！

トマトの半量は火を強く入れて溶かして、ソースのように使う。

材料（2人分）

ラム肉（部位はどこでも）
250g程度
ズッキーニ　1本
トマト　1コ
ナス　1本
ピーマン　1コ
クミン　小さじ1
しょうゆ　小さじ1
ニンニク　1かけ
塩・コショウ　少々
オリーブオイル　大さじ1

作り方

❶ まずはズッキーニ、トマト、ナス、ピーマンを食べやすいサイズにカット。ニンニクはスライスする。ラム肉は塩・コショウをしてもんでおく。

❷ フライパンにオリーブオイルとクミンを入れて弱火で香りが出るまで（クミンから泡が出てくる）炒める。

❸ そこにスライスしたニンニクとラム肉を入れる。ラム肉にある程度火が通ったら、トマトの半量を入れる。とろみをつけるように、トマトを崩しながら煮るように炒める。

❹ 残りの野菜を入れて強火で一気に炒める。野菜に火が通ったらしょうゆを入れて、塩・コショウで味を調えて完成。

PICK UP

キャンプ料理がうまくなるギア

COCOpan

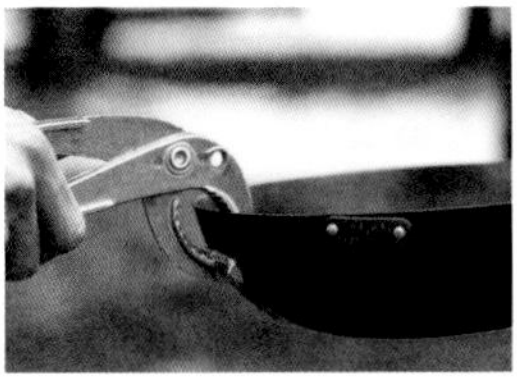

取っ手はオプション。アルミのヤットコを使っても便利。

鉄のフライパンなのに「窒化処理」のおかげでサビにくくて食材も張り付きにくい。さらに取っ手を外してスタッキングできて、サイズも形もバリエーションがある。

カレーの定番スパイスだけど、炒め物などマルチに使える

　夏キャンプの定番と言えばやっぱりカレー。今回は、カレーには欠かせないスパイスである「クミン」を紹介しよう。

　クミンはもっとも古いスパイスの一つで古代エジプトの医学書にも記載されているとか。中世のヨーロッパでも料理や薬用のほか、迷信やおまじないなどにも多く使用されてきた。現在も、とくにインドなどのエスニック料理に多く使われていて、カレーのスパイスとしては欠かせない存在。クミン独特の強い芳香は、多くの人にはカレーのにおいとしておなじみだろう。

　でも、実はカレー以外にも幅広く使うことのできる万能スパイス。肉も野菜にも合うので、炒め物にちょっと入れるだけで、一気にプロっぽい味に仕上がる。サラダやスープにも使えるのも万能性の高さゆえ。とくに野菜ではジャガイモやニンジン、トマトなどと相性がいい。今回のレシピを参考にいろいろ使ってみよう。

　クミンはセリ科の植物で日本名は「馬芹（うまぜり）」。スパイスとして使われるのは種子の部分で、そのまま使ったり粉末にして使うことが多い。クミンには多くのビタミンやミネラルが含まれていて、その中には「クミンアルデヒド」というクミンにだけ含まれる成分がある。クミンアルデヒドには、独自の香りによってリラックス効果や消化器官の働きを促す効果があるといわれていて、他にも貧血予防や免疫力の向上、血液の巡りを良くする効果も。

　さらにコレステロール値を下げる効用もあるとのことで、ダイエット効果も期待できるそう。今回のレシピやカレーを食べて、おいしく健康に痩せられるなんて夢のような話だ。

　でも、摂取しすぎると体からクミンの香りがしてくるとのこと……。取りすぎなければ問題ないので、ほどほどに。

HERB & SPICE 06

ガーリック

世界中で親しまれているスパイスの一つ。
生で使うことが多いが乾燥もパウダーもよく使われる。
強烈なにおいと辛味があるが加熱すると辛味は甘みに変わる。
塩コショウに次ぐ第三の調味料といわれる。

休ませてから肉をカットすると肉汁が出にくくおいしく仕上がる。

ステーキを焼いたフライパンを洗わずにドレッシングを作ろう。

さっぱりガッツリガーリックソースのステーキサラダ

材料（2人前）

ランプ肉などステーキ用牛肉　100～150g
レタス　1/2～1コ
水菜　1/4～1束
ニンジン　1/8～1/4本
紫タマネギ　1/4～1/2コ
ミニトマト　2～4コ
オクラ　4～8本
ヤングコーン　4～8本
ニンニク　1/2～1かけ
タマネギ　1/2コ
○しょうゆ　大さじ1
○オリーブオイル　大さじ1
○砂糖　小さじ1
○白ワインビネガー　小さじ1
塩・コショウ　少々

作り方

❶ 牛肉を常温に戻す。
❷ 牛肉に塩コショウをして、フライパンに油（できれば牛脂）とスライスしたニンニクを入れて中火で香りが出るまで火を入れる。
❸ ニンニクを取り出して牛肉を投入。表面に焼き色がつくまで焼いたらひっくり返して焼き色をつける。取り出してアルミホイルに包んで少し休ませる。
❹ 肉を休ませている間にドレッシングを作る。先ほどまで肉を焼いていたフライパンに○の材料とすりおろしたニンニクとタマネギを全部入れてかき混ぜる。
❺ レタスをちぎりミニトマトをカット、ヤングコーンやオクラは茹でてカットする。サラダ用の野菜は好きなものを好きなだけ皿に盛りつけ、❸の肉をカットして上に並べて❹のドレッシングをかけて完成。

夏野菜たっぷりのガスパチョ

材料（2人前）
トマトジュース　500cc
ミニトマト　2コ
キュウリ　1/2本
パプリカ　1/8コ
紫タマネギ　1/4コ
パセリ　少し
オリーブオイル　大さじ1
レモン　1/2コ
ニンニク　1/2～1かけ
塩・コショウ　少々

作り方
❶ ミニトマト、キュウリ、パプリカ、紫タマネギをみじん切りにする。
❷ トマトジュースにオリーブオイル、すりおろしたニンニクを入れて、そこにレモンを搾ってかき混ぜる。
❸ ❷に❶を入れてかき混ぜつつ味を見て塩コショウを加えて、最後に刻んだパセリをのせて完成。

みじん切りはサイズを同じにするのがおいしく作るコツ。

お好みでタバスコを加えれば、スパイシーで大人向けのテイストに。

PICK UP

キャンプ料理がうまくなるギア

飲むときに自然な流れでフタの開閉ができるのは他のメーカーにない利便性

スタンレー 真空ワンハンドマグ0.35ℓ

保温力が高くドリンクのほかにも今回のガスパチョで使うトマトジュースの運搬（冷やしたまま）にも重宝する。冬はホットドリンク、夏は冷たいドリンクを入れて持ち歩こう。

ガーリックの食欲増進効果で夏の猛暑を乗り切れ！

とにかく暑い日本の夏。夏は食欲もなくなりがちなので、積極的にスパイスの力を借りて、しっかり食べるようにしたい。Ｐ・１０８から紹介したクミンも夏らしいスパイスだが、食欲増進効果といえば、やはり「ガーリック（ニンニク）」。

語源は諸説あるが、その一つが仏教用語の「忍辱（ニンニク）」という単語で、困難を耐え忍ぶという意味なんだそう。やはり昔からニンニクの効用は生活に欠かせなかったのだろう。

ガーリックは世界中で愛用されている使われているスパイスで、どの国の料理にも欠かせない存在になっている。主に肉や魚の臭み消しに使われるが、野菜など他の食材とも相性は抜群だ。使い方も、そのまま生でスライスしたりすりおろして薬味で使うほか、潰して香りをつけるために一緒に煮込んだり、刻んで炒め物に入れたりと、とにかく多様。料理をする人ならば必ず使ったことがある、とてもポピュラーな存在だ。

ガーリックは古代からエジプトやギリシャ、インド、中国などでその滋養強壮効果が知られていて、日本でも古事記に記述がある。現代の科学で解析しても、あのにおいのもとである「アリシン」という成分には、多種多様な効果があることが立証されている。だが、実はこのアリシンという成分はニンニクの中にあるわけではなく、あるのは無臭のアリインという成分。この成分を切ったりつぶしたりすることで、細胞内のアリナーゼという酵素と反応してアリシンになる。なので、剥いてすぐよりも、切ったりすりおろしたりすると臭いがより強くなるのだ。

夏を乗り越えるためのレシピの場合は、すりおろして使うほうがより効果的。たくさんの夏野菜と一緒にガッツリと食べられるさっぱりとしたレシピで、おいしく食べて夏バテせずにキャンプを楽しもう。

HERB & SPICE 07

バジル

バジルの語源は「王」を意味するギリシャ語のバジレウスだそうだ。
ちなみに「バジル」は英語で、「バジリコ」はイタリア語。
世界的にも歴史的にもとてもポピュラーなハーブで
アジア圏からヨーロッパまで広い地域で使われ、
儀礼や迷信なども多く存在する。

バジル薫るジャガイモのチーズガレット

ジャガイモは絶対に水にさらさないこと。さらすと焼いたときに、まとまりにくくなる。

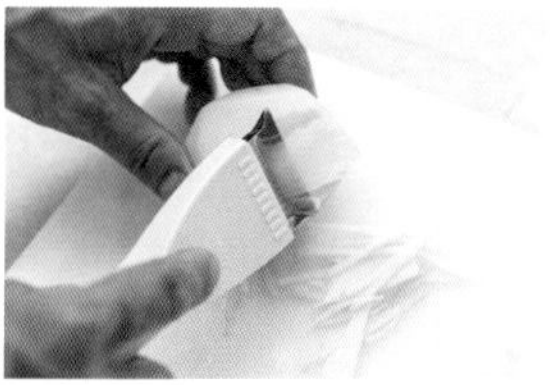

千切りはスライサーを使うときれいで楽で早い。

材料（2人前）
ジャガイモ　2〜3個
ベーコン　1〜2枚
パルメザンチーズ（粉チーズ）　少々
モッツァレラチーズ
（ピザ用などのシュレッドタイプ）　1つまみ
バジル（生）　5〜6枚
乾燥バジル　少々
塩・コショウ　少々

作り方
❶ ジャガイモをスライサーで千切りにし、ベーコンを食べやすいサイズにカット。
❷ ボウルに❶のジャガイモ、ベーコンと、パルメザンチーズ、モッツァレラチーズ、刻んだバジル（生）と乾燥バジル、塩・コショウを入れて混ぜる。
❸ テフロン加工のフライパンに、❷をお好み焼きの要領で適量広げてスプーンなどで押し付けながら焼く。
❹ 片面焼けたらひっくり返し、両面焼いたらできあがり。

チキンソテーのトマトバジルソース

材料（2人前）

鶏モモ肉　1枚
トマト　1～2個
バジル（生）　4～5枚
黒オリーブ　5～6個
塩・コショウ　少々

作り方

① トマトを1/16程度の適度なサイズにカット。バジル（生）と黒オリーブも適度なサイズにカットしておく。
② 常温に戻した鶏モモ肉に塩・コショウをして皮目から中火でスキレットで焼く。スプーン等で押し付けながら皮がパリパリになるまで焼く。
③ ②の皮がパリパリに仕上がったら、ひっくり返して全体に火を入れて皿に移す。
④ 鶏モモ肉を焼いたスキレットは洗わずに、そのまま①をすべて入れて煮込んでいく。5分もすればトマトが崩れてソースになるので、そうなったら③にかけて完成。

トマトはソースにするので熟したものを使ったほうがおいしい。

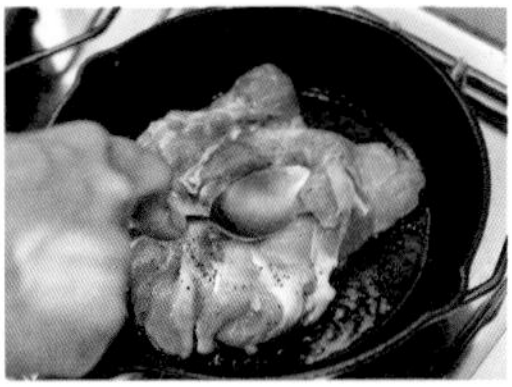

皮目を先に焼いてスプーンで押し付けながらじっくり焼くとパリパリに仕上がる。

PICK UP

キャンプ料理がうまくなるギア

モンベル　アルパインフライパン20

テフロン加工は便利。軽く拭くだけできれいになるので一つのフライパンで何品も作ることが可能になる。

アウトドア用軽量フライパンとしては異例なまでの大きさ。炒め物や焼き物が積極的にできるサイズがうれしい。テフロン加工も強くて頼りになります。

和名は「メボウキ」？
イタリアンに欠かせないハーブ

「バジル」は、いわずと知れたハーブの王様と呼べる存在。スパイシーでほのかに甘さがあり、清涼感もあってさまざまな料理に利用しやすいハーブだ。

中でも、やはりバジルといえばイタリアン。とくにトマトやチーズと相性がよく、この3つの組み合わせは、カプレーゼやマルゲリータピッツァといったイタリアを代表する料理に使われていて、イタリア国旗の配色と同じでもある。それほど、イタリア料理には欠かすことのできないハーブなのだ。

だが、バジルの原産地はアジア地域と言われていて、歴史的にはインドからヨーロッパに伝わったとのこと。タイ料理のガパオライスにも欠かせないハーブであり、意外かもしれないが、アジア圏にもバジルを使う料理はたくさんある。

日本にはじめて伝わったのはバジルの種子で、その使い方は漢方薬。長い間料理には使われていなかったようだ。種子に水を含ませたときにできるゼリー状の物質が、目の汚れを取る目薬として使用されていたらしく「目箒（めぼうき）」という名がつけられている。

日本でバジルが食用としてメジャーになったのは、バジリコスパゲティが知られるようになってからといわれている。今ではとてもメジャーなハーブだが、ジャガイモとの相性がよく、乾燥バジルとジャガイモのコンビネーションは、ぜひ試してもらいたい。それと忘れてはいけないのが、鶏肉との組み合わせ。ガパオライスもそうだが、鶏肉とバジルはとても相性がいい。

バジルがハーブの王様として世界で知られているのは、薬草としても使われていたから。その効能には消化促進、鎮静効果、殺菌効果などがあり、食べるだけで体の調子を整えてくれる。とくに、体調を崩しやすい季節の変わり目には、積極的に食べるようにしたい。

Chapter 5

旬の食材と料理

日本では、四季折々さまざまな旬の食材がある。
栄養価が高く、格別においしい食材は
私たちの体の調子も整えてくれる。
訪れた地域や季節で育まれた
新鮮な食材の味を生かしたレシピで
自然からの贈りものを味わおう。

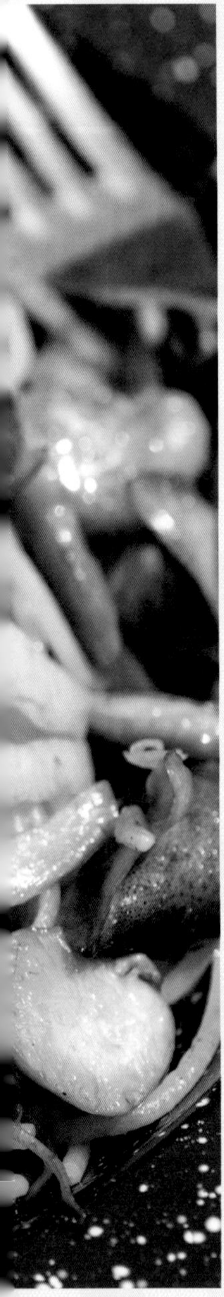

SEASONAL FOOD 01

トマト

南米アンデスの高地原産のナス科植物。
ビタミンCや、ミネラル、食物繊維と、
なにより抗酸化作用のリコピンかたっぷり詰まった野菜。
野菜としては世界一の消費を誇り、
品種も8000種を超えるといわれる。
手に入りやすく、生のままでも調理しても使いやすい。
ソトごはんでも使ってもらいたいおすすめの食材だ。

MENU 梅トマトそうめん

梅干しの種取11は種の形を意識しよう。ヘタから縦に切れ目を入れて種に沿って包丁を入れると無駄がない。

トマトはカットするとジュースが出るが、これは残さず全部ボウルに移してソースとして使おう。

MEMO

使うトマトはやや熟れたものがおすすめ。梅干しは、チューブの梅でもOK！　茹でたそうめんはくっつきやすい。盛り付けたあと、すぐに食べられないようなら、ゴマ油をひと回しかけたときに軽く麺全体になじませておくと麺がくっつかない。

材料（2人分）

トマト　1コ
梅干し　5コほど
ツナ缶　1缶
大葉　3枚ほど
ミョウガ　1コ
そうめん　2～3束
★白ゴマ　適量
★ゴマ油　適量

作り方

❶ トマトを一口大にカットする。その際、ドリップもこぼさずにボウルなどに入れる
❷ 梅干しから種を取り除き果肉をたたき、❶のボウルに入れる。そこにツナ缶とそうめんつゆを入れ、混ぜ合わせる
❸ 鍋に水を張り、沸騰させ、そうめんを茹でる。その間に、大葉とミョウガは刻む
❹ 茹でたそうめんをざるにあげ、水で締める。さらに盛り付け、❷をかけてゴマ油をひと回し。❸で用意しておいた薬味を載せて完成。

MENU 夏野菜と豚バラのグリルトマト炒め

材料（2人分）
ズッキーニ　1本
パプリカ赤・黄　各1/2コ
ヤングコーン　4～6本
豚バラ肉　200g程度
トマト　1コ～2コ
★塩　少々
★コショウ　少々
★オリーブオイル　適量
★粉チーズ　少々
★バジル　適量

作り方
❶ 食材をカットする。トマトはザックリひと口大にカットし、すべてスキレットへ。ほかの野菜もひと口大にカットし、ボウルなどに移してオリーブオイルと塩少々で和える。肉は幅3cm厚さ2cm程度の食べやすいサイズにカットし、味付けは塩のみを少々。
❷ ❶のスキレットは、そのまま中火でトマトが崩れるまで時々かき混ぜながら炒めるイメージで煮る。
❸ 野菜と肉はグリルパンやほかのスキレットなどで焼き目が付くまで焼く。その際、焦がさないように注意する。
❹ ❸を❷の中に入れ、軽く混ぜたら塩コショウで整え、粉チーズとバジルの葉を散らして完成。

グリルはフタをすると熱を逃さずに野菜全体に伝えられる。肉厚な野菜などは特に効果的。フタはシェラカップやアルミホイルを使ってみよう。

野菜は焼く前にオリーブオイルでコーティングすると、火の通りがよくなるぞ。コッヘルにカットした野菜を入れオイルをひと回ししておこう。

PICK UP

キャンプ料理がうまくなるギア

男前グリルプレート

A-sukeさんプロデュースの「男前グリルプレート」。ただ焼くだけで肉も野菜もおいしくなる不思議な鉄板。tent-Mark DESIGNSからで絶賛発売中。

定番トマトは生でもグリルでも夏に大活躍する食材だ

トマトは一年中販売されていて手に入れやすい野菜だが、日光をサンサンと浴びてすくすくと育つ夏が、一番安くて一番おいしい時期となっている。

そもそもトマトは南米のアンデス山脈の高地が原産で、それを大航海時代にスペイン人がヨーロッパへ持ち帰ってから世界に拡がった。だが、初めのうちは毒物のような扱いとなっていて、観賞用とされていたようだ。そこから２００年にも及ぶ長い年月を経て品種改良されたのちに、徐々に食用として広がり、いまでは世界でもっとも消費される野菜の一つにまでなったのだ。江戸時代に日本へ入ってきたときも同じように観賞用とされていて、食べるようになったのは明治時代以降。トマトの歴史はちょっと意外だ。

日本で出回っているトマトは、シャリシャリとしたピンク系の生食用トマトがほとんどで、実際に生で食べることが多い。しかし、世界的には加熱して食べる方が一般的で、それに合わせてジューシーな赤系のトマトが主流となっている。最近では赤系トマトも日本のスーパーに並んでいるので、食べ方に合わせて使い分けよう。

紹介した二つのレシピは、どちらのトマトでも作れるが、せっかくなので完熟した赤系トマトで作ってもらいたい。真っ赤でジューシーな赤系トマトにはトマトの魅力が詰まっていて、トマトと梅のコンビネーションがおすすめ。二つの食材が持つ爽やかな酸味が夏にピッタリで、そうめんや冷製パスタと合わせると最高だ。

もうひとつは、夏においしい食材を炒めたレシピ。夏はおいしい野菜がたくさんあるけど、トマトがそれをひとつにつないでくれる。トマトソースほど液体が多くなくても、少し長く炒めればソース状になるのでそれでＯＫ。グリルした肉と野菜を放り込んで混ぜ合わせれば完成。ＢＢＱでもアクセント的に食べるとおいしいので、ぜひ作ってみよう。

SEASONAL FOOD
02

ジャガイモ

原産は南米アンデスの高地といわれている。
スペイン人がヨーロッパに持ち帰った後、
食用として広まるまでにはかなりの時間がかかったとされているが、
寒冷地でもよく育ち、収穫効率の良さから瞬く間に世界中に拡がった。
現在では麦、米、トウモロコシに並び世界四大作物ともいわれる。
野菜として流通するほかにポテトチップスなどの加工食品用、
片栗粉などデンプンの材料、またはウオッカなどのお酒の材料にもなる。

アサリの砂抜き

アサリは40～50度のお湯で砂抜きすると早いのだ。ボールがなければコッヘルを余分に持っておくとよい。

旬のジャガイモは、シンプルに塩を振ってバターを落とすだけでもおいしい。

MEMO

まるっと食べるならハッセルバッグ!

ジャガイモにナイフで切れ目を細かく入れるだけの簡単料理。切れ目の間にチーズ、アボカドやサーモンを挟んだりとアレンジも楽しめる。蒸してもいいが、皮のカリカリとした食感を楽しむなら、ダッチに底上げネットなどを敷いてジャガイモを入れ、オーブン的に焼くといい。

MENU

アサリとジャガイモの白ワイン蒸し

材料（2人分）

アサリ　1パック
ジャガイモ　2～3コ
ニンニク　1～2かけ
白ワイン　1カップ程度
塩・コショウ　少々
ディル　少々
イタリアンパセリ　少々

作り方

❶ アサリはお湯につけて砂抜きをしておく。
❷ ジャガイモを茹でる。鍋に水を張り、ジャガイモを入れて火にかけ、沸騰したら弱火で10分ほど煮る。串がスッと通るくらいまで煮よう。皮を剥いて一口大にカット。
❸ ダッチオーブンにオリーブオイルと、スライスしたニンニクを入れて中火で火を入れて香りを出そう。アサリを入れて、しばらくしたら白ワインを入れてフタをする
❹ ❷を❸に入れフタをして、アサリのダシが効いたスープをジャガイモに吸わせよう。
❺ 最後にハーブをちぎって入れ、塩コショウで味を整えたら完成。

時間をかけてじっくり焼く

ベーコンは中火で焼きながら、よく混ぜて焦げ付かないように。食感がカリカリになるまで根気よく焼こう。

茎は外して葉を散らそう

ローズマリーは葉だけで売られている乾燥タイプもあるが、茎がある場合は、硬いので茎から葉をちぎって散らそう。入れすぎないように注意。

カリカリベーコンの ジャーマンポテト

材料（2人分）

ベーコンブロック　少々
ジャガイモ　2～3コ
タマネギ　1/4
塩・コショウ　少々
ローズマリー　1本

作り方

❶ まずは、ベーコンを厚みが5mmくらいになるように細切りに。それをフライパンに並べて、中火でじっくりじっくりとベーコンから出た脂で揚げるように炒める。根気よくかき混ぜながらカリカリになるまで定期的に混ぜ続けよう。

❷ カリカリベーコンを作っている間にジャガイモを茹でる。水から煮て沸騰したら弱火で10分ほど。串がスッと通るくらいまで煮よう。皮を剥いてひと口大にカットする。

❸ ❶のフライパンにそのままスライスしたタマネギと❷のジャガイモを入れてベーコンから出た脂で炒めるように混ぜ合わせよう。

❹ 最後に塩コショウと葉っぱだけ丁寧にちぎった若くて柔らかいローズマリーを入れて完成。

PICK UP

ジャガイモと合うハーブをチェック

イタリアンパセリ・ローズマリー・ディル

ジャガイモはハーブと相性がよく、種類を選ばずマッチする。しかし何といってもローズマリーとの相性は格別! オーブン料理の際は、少しでもいいから入れることをおすすめする。

ジャガイモは料理の幅が広く品数を増やすにも最適な食材だ

ジャガイモのようなイモ類のほとんどは、秋が旬の食材。だが、旬の時期以外にも一年中手に入る野菜で、「新ジャガ」と呼ばれる春に出回るジャガイモもある。

これには産地が大きく影響していて、ジャガイモの生産量全国1位は北海道だが、2位はなんと遠く離れた九州は長崎県。長崎県は気候が温暖で、春と秋の年に2回ジャガイモを収穫するのだが、寒い気候の北海道は春に植えて秋に収穫する1回だけ。なので、全国的に収穫が多い秋が一番の旬の時期となる。

春先に出回る新ジャガは、皮が薄くみずみずしくて土の香りが強いのが特徴で、秋のジャガイモはより甘みが強い。その違いも楽しんでみよう。

種類で見ると、ジャガイモは男爵かメークインが手に入りやすい。ホクホク系の男爵はマッシュする料理に向いていて、メークインはきめ細かく煮崩れしにくいので煮物料理に適している。最近では、ねっとりとした食感の北アカリや、栗のような甘みとホクホクした食感のインカのめざめなど、さまざまな種類が出回っているので、料理によって使い分けるといい。

ジャガイモは世界中で食べられている野菜で、料理の幅も広い。煮たり焼いたり茹でたり蒸したり揚げたりと、何でも丸ごと調理できるし、イタリア料理のニョッキようにすりつぶしてから使うこともある、スーパーな食材と言える。片栗粉も元の材料はジャガイモだ。

紹介するのは、ジャガイモを主役としてそのおいしさを味わうことができる料理レシピ。ジャガイモの良さは一緒に調理した他の食材のうまみを吸うことにあって、どちらもおいしい一品になるはず。ただし、芽や青い皮などには毒素があるので、そこだけは要注意。下ごしらえをするときに、キチンと取り除くようにしよう。

SEASONAL FOOD 03

ダイコン

ダイコンはアブラナ科の野菜で主にアジア圏でポピュラーで、
日本料理には欠かせない食材のひとつ。
原産地は不明だが地中海周辺や中東といわれている。
古代エジプトではラディッシュに近い種が栽培されていたという記録がある。
日本には平安時代に入ってきたといわれている。
主に大きくなった根を食するが葉もおいしく食べられる。
春の七草のスズシロとはダイコンの葉のことである。

ダイコンとキンメダイのアラの味噌汁

材料（2人分）
ダイコン　1/2本程度
キンメダイのアラ　1匹分
万能ネギ　適量
味噌　適量
顆粒ダシ　適量

作り方

❶ ダイコンを短冊状にカットする。鍋で一度茹でこぼしてから、顆粒ダシを入れた鍋で約10分煮る。

❷ キンメダイのアラをざるにあけ、湯引きしてよく洗う。❶の中に入れてアクが出てきたら丁寧にすくう。5分ほど煮る。

❸ ダイコンが軟らかくなったら味噌を溶き入れて、刻んだ万能ネギを散らして完成。

MEMO

丸ごと食べるなら、風呂吹き大根！

ダイコンを最もシンプルに食べるには風呂吹き大根が一番。冬の寒さにダイコンの旨味と染み込んだダシの味が温かく染み入る。合わせるのは甘めの味噌の上にユズの皮を少しだけ。冬が寒くてよかったと思わせるだけの味わい。

大根のアクをとる

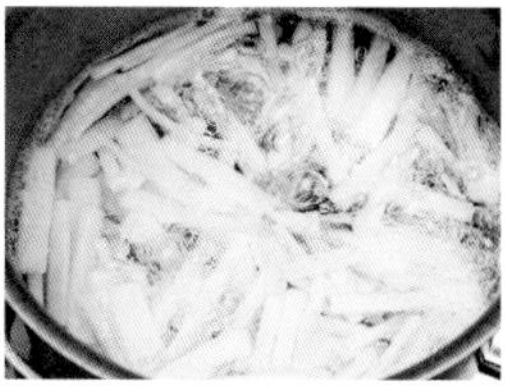

一度茹でこぼして下茹でするとアクも抜け、よりおいしくなる。

湯引きで魚の臭みをとる

魚の臭みは皮にある。沸かしたお湯をさっとかければ臭みが消える。

ダイコンピクルスと生ハムのおつまみサラダ

材料（2人分）
ダイコン　1/4本程度
生ハム　1パック
ルッコラ　1把
塩　少々
コショウ　少々
白ワインビネガー　大さじ1
オリーブオイル　適量

作り方
❶ ダイコンを薄切りにする。スライサーがあると便利。
❷ 薄切りにしたダイコンに塩と白ワインビネガーを振り、軽くもむ。5分もすれば水が出てきてシナシナになるので、ぎゅっと絞る。
❸ ❷に適当なサイズにカットした生ハムとルッコラを巻く。
❹ 皿に並べてコショウとオリーブオイルを回しかけて完成。

水気を絞る

塩を振って揉み込むことで浸透圧が変わり、野菜から水気が出る。不要な水分は手のひらで包むようにやさしく強く絞るといい。

皮は厚切りにして薄切りにする

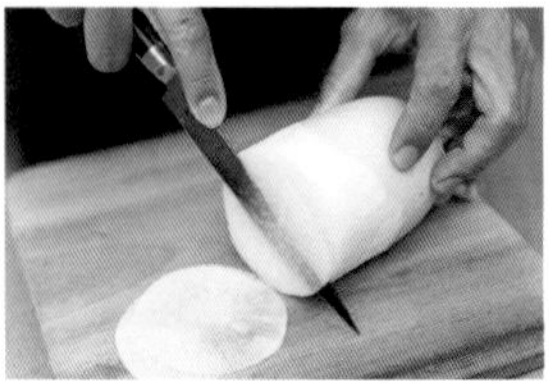

皮は厚く剥いて薄切りにしたほうが見栄えがいい。ダイコンは1/2など大きな状態のままで皮を剥くと、厚く剥きやすくておすすめ。

PICK UP

万能な香りづけ調味料

ユズ

ユズは東洋のハーブと言える。果実だが、扱いは香りづけの調味料として使われることが多い。晩秋によくとれ、皮を少し削るだけでも爽やかな香りが漂う。実も同様に香りが強い。

ダイコンは捨てるところがなく外ごはんに最適な食材

主に秋冬に収穫されて、この時期が旬とされているダイコン。全国各地で栽培でき、寒い時期にも収穫できる日本人にとっては欠かせない野菜で、煮物や鍋など温かい料理にするとおいしく、漬物や切り干し大根などの保存食にもなる。昔の人々にとっては、厳しい冬を乗り切るために重要な野菜だったと言われている。厚生省が出しているデータでは、ジュースや加工品を除いてもっとも食べられている野菜とのこと。日本でももっとも愛されている野菜といってもいいだろう。

そのダイコンは、皮はきんぴらにするなど食べられるし、葉は漬物や薬味になるなど、捨てるところがない。調理の幅も広く、生でサラダで食べたり、すりおろしたものはて薬味にしたり、もちろん加熱してもおいしい。ちなみに、葉がある方が辛味がなく生食に向いていて、真ん中は甘みが強いので煮物向き、先の方は辛味が強いので大根おろしなどにおすすめだ。

ダイコンには酵素が多く、大根おろしを油や肉と一緒に食べると消化を助けてくれる効果も。硬い肉も大根おろしの汁に漬け込むと柔らかくなる。生で食べる場合は独特の青臭さがあるが、クセがない味なので刺身のツマやサラダとして食べられていて、漬物ではたくあん、べったら漬け、カクテキなどポリポリとした歯ごたえの良さを生かした食べ方が多い。

一方、もっともポピュラーな食べ方である煮た場合は、柔らかい食感が魅力。スープの味をたっぷり吸いこんだダイコンのおいしさは万国共通なのか、韓国やベトナムなどでも汁物と一緒に煮込むのが一般的。ただしアジア圏以外では人気がなく、サラダなどでしか利用されないそうだ。

紹介するレシピはポリポリの食感を生かしたサラダと漬物のいいとこどりのレシピと、おいしい出汁を吸ったダイコンレシピの二つ。寒い時期こそ、おいしいダイコンを楽しもう！

SEASONAL FOOD 04

アサリ

食卓によく登場する貝類といえば、アサリ。
日本では、各地の貝塚から殻が出土するなど、
古くから食用される二枚貝。
現在でも潮干狩りの人気のターゲットで、最も身近な貝の一つ。
旬は2 ～ 4月の春と9 ～ 10月の秋とされる。
この時期に産卵を迎えるため身がふっくらと肉厚。
旨味たっぷりでジューシーな味わいはどんな料理にも合うので、
和食だけでなく洋食にも大活躍！

米は研がないのがポイント

米は研がないこと！　米が透明になるまでよく炒めよう。

MEMO

旨味たっぷりの、アサリバター

アサリを最もシンプルに食べるのは酒蒸しかアサリバター。バターでアサリを炒めて少しだけ酒を入れたらフタをして、蒸して口が開いたら少しのしょうゆと万能ねぎを散らしたらできあがり。火を通しすぎないようにね。

アサリの出汁を味わうパエリア

材料（2人分）

アサリ　2パックほど
米　2合
ニンニク　1かけ
タマネギ　1/4コ
ミニトマト　4〜5コ
黒オリーブ　4〜5コ
赤・黄パプリカ　1/4コ程度
ディル　適量
レモン　1/2コ程度
水　400cc
塩　適量
コショウ　適量
オリーブオイル　適量

作り方

❶ フライパンにオリーブオイルを適量入れてスライスしたニンニクと、みじん切りしたタマネギを炒める。
❷ タマネギが透き通ってきたら米を投入して透き通るくらいまで弱火でよく炒める。米は研がないでそのまま入れる。
❸ 塩コショウを強めに振って400ccの水と砂抜きをしたアサリ、一口大にカットしたパプリカ、オリーブ、ミニトマトを入れて炊いていく。火加減は弱火で20分程度で行う。
❹ 炊きあがったらディルとレモンを散らして完成。

ショウガ香るアサリとカブの和風スープ

アサリの塩抜きは洗ってから

アサリはこすりながら洗って、塩抜きをする。ちなみに、時間がないときは40～50℃のお湯で塩抜きすると早い。

火を止めて片栗粉を入れる

水溶き片栗粉は、シェラカップなどであらかじめ水で溶いておく。鍋の火を止めてから回し入れるとダマになりにくい。

材料（2人分）

アサリ　1パック
カブ　2コ程度
ショウガ　1/4コ程度
万能ネギ　少々
片栗粉　少々
塩　少々

作り方

❶ ショウガを千切りに、万能ネギを5㎜感覚でカットしておく。
❷ 鍋に砂抜きをしたアサリと、皮をむいて1/8程度にカットしたカブと、食材が浸るくらいの水に入れて火にかける。
❸ フツフツと沸騰してきたら、塩を少々入れて❶の千切りしたショウガを入れる。アサリが完全に口を開くまで待つ。
❹ 火を止めて、水溶き片栗粉を回し入れて少しトロリとしたら❶の万能ネギを散らして完成。

PICK UP

料理のアクセントになるハーブ

ディル

魚介や肉に合う定番のハーブ、ディル。サーモンの料理によく添えられている。アサリにももちろん合うので、使い勝手のいいパセリもいいが、ちょっとひと工夫してディルを使うのも◎

出汁を味わうもよし！
身の旨味を味わうもよし！

春と秋においしい旬の魚介類であるアサリは、万能でいろんな食べ方ができる食材。アサリは全国各地の貝塚から出土されていて、縄文の時代から日本人の食生活に欠かせない食材だったことがわかっている。

現在も潮干狩りの格好のターゲット。ちなみに日本国内の漁獲高は、圧倒的に愛知県が多く、三河湾は日本一の産地なのだ。それでもその数は年を追うごとに減少していて、どうしても中国や韓国などからの輸入品も多い。日本のほか朝鮮半島、台湾、フィリピンなどの沿岸部に広く生息していて、現在ではヨーロッパやアメリカ西海岸などにも移入されている。

アサリは春と秋の2回アサリは産卵するので、栄養をため込んでぷりぷりになるこの時期がおいしい。食材としては万能で和食はもちろん、洋食も多くのバリエーションがある。アサリを水から煮ると出汁がよく出るので、ただそれだけでスープとして飲んでもおいしいくらい。プリっとした身を味わうなら、沸騰してからアサリを入れると、出汁が出すぎずに身をおいしく食べられる。

アサリはカリウム、鉄分、亜鉛などのミネラルが豊富で、他にもタウリンやビタミンという成分が多く含まれていて、貧血や疲労回復、血液をサラサラにするなどの効果があるといわれている。おいしくて、健康にもいいのはうれしい。

アサリを丸ごと食べるには、まずは酒蒸しが一般的。アサリバターはそれにバターと醤油を少し足すだけ。これをソースにしてパスタを作ってもとってもおいしいし、イカや明太子なんかの魚介類やキノコなんかを足してもさらに美味。

紹介しているパエリアを和風にして炊き込みご飯にしてもおいしいし、スープもトマト味でも、クリーム味でクラムチャウダーでもおいしい。本当に万能な食材なのだ。

SEASONAL FOOD 05

ソラマメ

地中海や西南アジアを原産とする豆で、
日本には中国経由で8世紀に渡来したといわれている。
古くから世界各地で栽培され、
エンドウマメが普及する前にはエジプトやギリシャ、
ローマなどでも食用されていた。
空に向かってさやがつくので「空豆」、
蚕《かいこ》のような見た目のさやなので「蚕豆」などと字があてられる。

ホタルイカの下処理

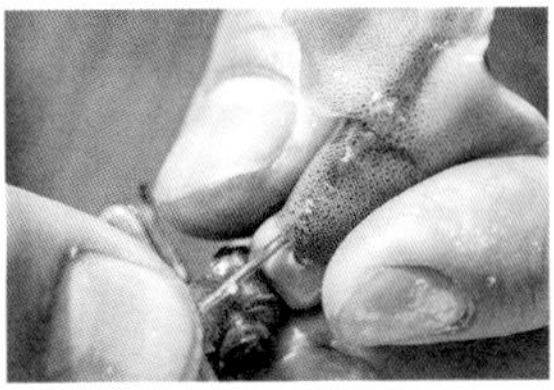

ホタルイカは目玉、くちばし、背骨を取っておくと口触りがイイ。背骨はゆっくりと抜く。

MEMO

ソラマメのクミン炒め

「茹でるだけ」を少しだけステップアップした調理術。フライパンやシェラカップにオリーブオイルとクミンを入れて、弱火で香りを出したら下茹でしたソラマメを入れてササッと塩を振る。表面を香ばしく仕上げたらできあがり。クセになるおいしさ。

ソラマメとホタルイカの春味パスタ

材料（2人分）

塩コショウ　少々
オリーブオイル　適量
ニンニク　1かけ
鷹の爪　2本程度
アンチョビ　少々
ソラマメ　10～15粒
タケノコ　少々
ホタルイカ　10～15尾
パスタ　200g程度
エクストラバージンオイル　少々

作り方

❶ たっぷりの水を沸かして塩を入れ、パスタを茹でる準備をしよう。
❷ 準備ができたら、フライパンにオリーブオイルとスライスしたニンニクと鷹の爪、さらにアンチョビを入れて弱火で香りを出す。焦がさないように注意。
❸ 下茹でしたソラマメとスライスしたタケノコとホタルイカを投入。パスタの茹で汁も入れて少しゆるいくらいにする。
❹ ❸の火を強くして混ぜながら水分を飛ばしていく。途中でエクストラバージンオイルと塩コショウをして味を確認。
❺ 茹でたパスタを❹に入れて、混ぜてから味を調えたら盛り付けて完成。

ソラマメとエビの春巻き

材料（2人分）

春巻きの皮　3枚程度
ソラマメ　10粒程度
剥きエビ　10尾程度
水　少し
小麦粉　少し
●ゴマ油　小さじ1
●塩コショウ　少々
●片栗粉　大さじ1
●酒　小さじ1
サラダ油　適量
クミン　適量
塩　適量
ジップロック（大）　1枚

作り方

❶ 春巻きの皮はあらかじめ1枚ずつに剥がしておく。剥がし終わったら1/4にカットする。乾くと使えなくなるので、ジップロックに入れておこう。
❷ ソラマメは生のまま皮をむく。エビは背ワタと水分を取っておく。
❸ ボウルにソラマメとエビを入れて●の材料を合わせる。
❹ 小麦粉に少し水を入れてノリを作る。ドロドロくらいに固めがいい。
❺ 春巻きの皮に食材を巻いていく。できるだけタイトに巻いて小型のサイズの春巻きをたくさん作ろう。
❻ スキレットに5㎜程度サラダ油を引いて弱火で加熱。強すぎると油が跳ねるので注意。
❼ 両面をじっくりよく揚げ、きつね色になったら完成。クミンと塩を混ぜたクミン塩をつけて食べよう。

エビの背ワタ、水分をとる

エビの背ワタは包丁で軽く開き、刃先などで取り出す。水気があると揚げる時にはぜるので、エビ全体の水分はキッチンペーパーでよくふき取る。

皮は枚数を均等に剥がす

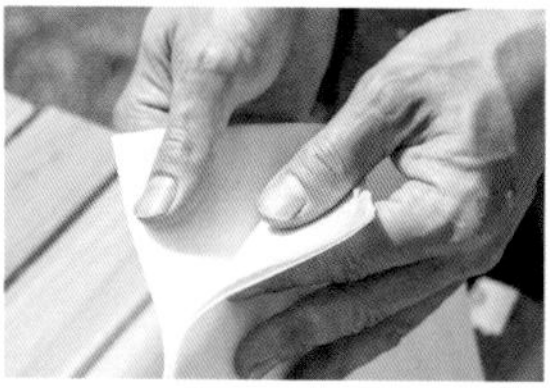

春巻きの皮はいきなり剥がすと破けやすい。10枚を半分に、さらに2:3にと少しずつ剥がしていくと破けない。

PICK UP

パウダーも便利なスパイス

クミン

カレー粉のベースに使われ、驚くほど使い勝手がいいが、カレー粉ほど主張しないのが◎。何にでもパラリと振ればプロの味に。パウダーなら塩と混ぜれば、揚げ物にも使いやすい。

茹でても焼いてもおいしい！ 野外で活躍する食材

春から夏にかけて旬を迎えるソラマメは、比較的高価なのであまり積極的に食べない人もいるかもしれない。

実は人類とのお付き合いはとても古くて、古代エジプトやギリシャ、ローマでも食用されていたくらい。世界最古の農産物ともいわれている。中国・四川料理の調味料である「豆板醤」の原料もソラマメ。中国に渡ったのが紀元前3000年ごろで、日本に渡来したのは8世紀くらいとされている。さらに日本で栽培が始まるのは江戸時代ごろ。世界的にみると日本人とソラマメの関係は相当に浅いが、それでも春から初夏にかけての季節感ある食材として定着してるのはやっぱりおいしいからだろう。

日本ではソラマメは塩茹でして食べるのが一般的。さやごと網で焼いて食べても香ばしさが増しておいしい。豆の皮は剥いてから食べることが多いが、旬の時期の若い豆は皮ごと食べても思ったより口触りが優しいので、試してみてほしい。

シンプルに食べるほうがソラマメの味が一番わかるんだけど、ソラマメは意外なほどスパイスと相性がよく、下茹でをして皮を剥いて、クミンと炒めてみるとエキゾチックな香りとソラマメ本来の香りが何とも言えない組み合わせに。ただ一緒に炒めるだけなんだけど、ひと味違ったソラマメの魅力に出会えるはずだ。

春巻きのレシピはプリプリしたエビとホクホクのソラマメ、さらに皮のパリパリした食感のハーモニーが美味。こちらもクミンパウダーと塩を混ぜたものをつけて食べるのがおすすめ。パスタはニンニクと鷹の爪をしっかり効かせるとおいしい。春から初夏にかけては、おいしい食材がたくさんある。レシピ以外にも菜の花やウド、山菜を一緒に入れてもおいしい。

同じく春が旬の食材を合わせて、季節の味を楽しもう。

SEASONAL FOOD 06

ナス

インド原産といわれる野菜で中国経由で日本に入ってから1000年以上の歴史があり、
奈良時代にはすでに栽培も行われていた。
原産地がモンスーン気候のため日本の蒸し暑い夏の気候を好み、
夏から初秋にかけて旬を迎える。
灰汁が多く一部の品種を除いて生食は向かない。
栄養素はほとんどないが、抗酸化作用のあるポリフェノールなど
体の調子を整える効果が期待できる。

MENU

ナスのスパイスカレー

材料（2人分）
米　3合
水　600cc
パクチー　1束
タマネギ　2個
オリーブオイル　適量
塩　少々
ニンニク　1かけ
トマト　1個
ナス　5本

○クミン　大さじ1
○コリアンダー　大さじ1
○ターメリック　小さじ1
○チリペッパー　小さじ1/2

作り方

❶ 米を研ぎ、炊いておく。
❷ パクチーの根から1/3程度の茎の部分と、タマネギをみじん切りにする。鍋にオリーブオイルを引き塩少々を入れ、中火から強火で炒める。全体に油をなじませ、しばらく置いてはかき混ぜるを繰り返して、あめ色にする。水分が少なくなったら水を少し足してを繰り返す。
❸ あめ色になってドロドロしたペースト状になったらみじん切りしたニンニクとトマトを入れて、さらに煮詰める。
❹ 別のフライパンに多めに油を引いて荒くみじん切りしたナスを全部炒める。油を吸いトロトロになるまで加熱する。
❺ ❸に❹を入れ、パクチーの残りを刻み○のスパイスを入れる。とろみが強ければ水を足し、塩を入れて味を調える。10分ほど煮て完成。①の米をよそって食べよう。

ナスは角がとれるまで炒める

細かくカットしたナスは、角がとれる程度まで炒める。

多少の焦げは気にしない！

タマネギはずっとかき混ぜ続けてはダメ。放っておいて茶色くなったらかき混ぜてを繰り返す。多少の焦げは気にないで繰り返そう。

揚げナスのにんにくマリネ

揚げ油の量は少なめ

揚げ油は、カットしたナスが半分くらい浸かる程度でいい。ナスが油を吸うので1本揚げて少なくなりすぎたら足すくらいで十分だ。

MEMO

焼きナス

丸ごと食べるなら焼きナスが一番。ホイルに包んで焚き火で焼くだけでいい。外から触って柔らかくなったら完成。皮を剥いて食べよう。ショウガと鰹節を振ってしょうゆで食べればナスのうまさを痛感できるぞ!

材料 (2人分)

ニンニク　2かけ程度
サラダ油　適量
ナス　2～4本程度

○しょうゆ　大さじ2
○レモン　1/2個(レモン果汁でもいい)
○はちみつ　大さじ1

パクチー　少々

作り方

❶ ニンニクをスライスして、生のまま○の調味料とボウルなどで合わせておく。
❷ フライパンに炒め物のときより多いくらいの揚げ油を入れ、中火で温め始める。
❸ ナスを縦に8つにカット。ナスは切ると断面の色が変わるので、切ったらすぐに揚げ油に投入しよう。1本ずつ揚げることをおすすめ。
❹ 揚がったナスを、❶のマリネ液にアツアツのまま投入して10分ほど置いてしみ込んだら完成!　もっと置いてもおいしいぞ。家庭なら冷蔵庫で冷やすのもいい。好みでパクチーをトッピングしよう。

PICK UP

トッピングに便利なハーブ

パクチー/コリアンダー

アジア料理によく使われるパクチーは、コリアンダーとも呼ばれ、クミンと並びカレーのベーススパイス。本格的なカレーには欠かせず、トッピングにするだけでもプロっぽい味わいに!

手に入りやすく馴染み深く使い勝手のいい夏野菜の代表格

初夏から初秋にかけて収穫され、旬を迎えるナスは、夏野菜とも秋野菜ともいえるが、秋のナスの方が皮が薄くおいしいとされている。ただ、ナスには体を冷やす作用があり、それがもっとも効果的なのは夏なので、夏が旬というのも正しい。

ナスにまつわることわざはたくさんあり、日本人の暮らしに寄り添った野菜であることがうかがい知れる。もともとはインドが原産といわれており、インドなどの熱帯地域では多年草で、木のように大きくなるが、温帯の日本では一年草なので冬には枯れてしまう。

日本の環境に適応した結果、地域ごとに特徴ある地域種が多くみられるようになった。比較的原産地に近い気候の九州では身の長さが40～45㎝ほどもある〝大長ナス〟が作られているが、北上するにしたがって長さが短くなり、夏でも冷涼な東北ではミニチュアのように小さい〝小丸ナス〟という品種がある。日本には約１８０種あるといわれているが、世界ではなんと１０００種を超えるらしい。キャンプに行った土地のナスを食べるというのも、おもしろそうだ。

ナスは灰汁を多く含むので、一部の品種を除き基本的には生食しない。加熱調理の場合は油と相性がよく、炒め物や揚げ物に使われることが多い。加熱しない場合は漬物や塩揉みし、灰汁を抜いたあとでマリネなどにして食べる。スポンジ状の果肉は加熱するとトロリとした食感になりおいしい。

もっともシンプルな調理は何といっても丸っと焼いた焼きナスだ。ホイルに包んで焚き火のそばに置いておけばあっという間に完成する。ショウガと鰹節を振って、しょうゆで食べよう。アツアツもおいしいが冷えた焼きナスもおいしい。

紹介するレシピはマリネとカレー。どちらも食欲のわかない夏でも食の進むレシピになっているので、ナスを食べて夏を楽しくおいしく乗り切ろう!

本書は、キャンプ雑誌『ガルヴィ -GARVY-』（実業之日本社刊）各号の
掲載記事を元に再編集し、刊行するものです。

編集協力　大森弘恵　三浦晋哉　岡本倫幸　A-suke　長野修平
写真協力　逢坂 聡　佐藤弘樹　大畑陽子

装丁　吉田恵美（mewglass）
本文デザイン　吉田恵美（mewglass）　竹内淳
DTP　株式会社千秋社

編集　風間貴允（実業之日本社）

GARVY CAMP BOOKS

キャンプ料《りょう》理《り》ぜんぶ

2021年9月21日　初版第1刷発行

編者　ガルヴィ編集部

発行者　岩野裕一

発行所　株式会社実業之日本社
〒107-0062　東京都港区南青山5-4-30
CoSTUME NATIONAL Aoyama Complex 2F
電話【編集部】03-6809-0452　【販売部】03-6809-0495
https://www.j-n.co.jp/

印刷・製本　大日本印刷株式会社

ISBN978-4-408-33994-8（第一アウトドア）